民事
反対尋問
の
スキル

いつ，何を，
どう聞くか？
第2版

弁護士
京野 哲也
［著］

ぎょうせい

（第２版）はしがき

本第２版は，初版の特徴はそのまま残し，より明快に「どうやって信用性の弾劾をするのか」を具体例を通して学べることを目指したものです。

第２版において，初版以降次のような作業をしました。

① 弾劾の２つの基本構造を明示し説明した上で，各ケースと基本構造との連関（アテハメ）を分かりやすく示すように努めました（例：§4，§13，§51のような解説）。

特に，直接に矛盾を示すのでなく，相手方の主張の不自然さを推認させる「第２パターンの弾劾」の構造とそのやり方を明示した文献は今までなかったものと思います（→§5ほか参照）。

② 章立てを見直し，第１部基本構造とルール，第２部基本スキル，第３部応用的スキル，第４部反対尋問と関連する他の尋問シーン，と分かりやすくした上，ケースの配分も大幅に見直し，おおむね，基本的なスキル→応用的なスキルへと配列するようにしました。

③ 全体を通して，従前，共著ということから生じる記述上の揺れのような部分も感じられましたが，今回，共著者の承諾を得て筆者の「単著」とし，【工夫例】中の微妙な言葉使いや解説中の言い回しに至るまで，理解しやすいものとなるように心がけて加筆修正しました。

④ 刑事弁護法廷技術など他分野での知見から学べるポイントで，初版後に気付いた事柄を適宜加筆しました。

本書の特徴は，地味な場面が多いながら，ともかくも具体的なスクリプト（シナリオ）により，【ありがちな例】と【工夫例】を読み比べて，スキルを理解し，会得しやすくなることを意識したものでした。本書の初版は幸いにも８刷に至り，若手法律家のために役立つ素材として一定の機能を果たしてきたのではないかと思います。本第２版が一層役立つことを祈念しています。

なお，第76期司法修習生の北川明典，生井みな絵，矢野翠の三氏には，原稿段階でいわば読者代表としてフレッシュな眼で意見をいただくなど貴重な助力を得たのでここに謝辞を記します。

令和５年５月

執筆者　京野 哲也

はしがき

本書は，民事反対尋問の技術について，経験から把握していくしかない「暗黙知」を，可能な限り，「読む」ことにより会得できることを目指して編まれたものです。

新人弁護士の頃，民事の反対尋問を行う際には，反対尋問の技術を学べるよい本はないものかと思って，弁護士会の図書館を探し回ったものです。どれも一応有益なもので，総論的な説明や教訓的な事柄から，おぼろげながらイメージを得て，その後は試行錯誤でやってきました。その後の経験を振り返ってみると，むしろ自分自身の失敗例から学ぶことが多かったように思います。「この聞き方では，こうなるからうまくいかない」ことを体験的に学び，気づき，必要に迫られて尋問前に作成する自分自身のための尋問メモを何十回と書き直していくことを事件毎に繰り返すうちに，段々と，ダメな聞き方と，ましな聞き方とが分かるようになってきました。

会得した暗黙知は，言語化が難しい部分はあります。しかしながら，「書き直す前」と「工夫した後」を比べれば，その差は明瞭です。そうであれば，ありがちな工夫前の例と，工夫後の例を比べて示せば，暗黙知を体験的に把握してもらうことが可能ではないか，そう考えて，本書を構成したものです。

技術があっても，有利な事実と証拠がない限りは，成果を挙げることは難しいものです。しかし，もし尋問者に技術が備わっていなかったとしたならば，たとえ有利な事実と証拠を持っていたとしても，顕れるべき真実を提示することができず，依頼者の利益はいうまでもなく，真実発見も，その目的とする訴訟そのものをも容易に台無しにしてしまうことでしょう。弁護士としてはこのようなことだけは絶対に避けなければなりません。

本書は，主に若手弁護士のため，一人で「読む」ことにより最低限のスキルを会得できることを目指しています。読者は是非，目で読むだけでなく，口頭でも「読んで」みてください。読んで，二つの例を比べてみてください。そして可能であれば，仲間と読み合ってみれば効果は倍増するでしょう。

【工夫例】はあくまで「例」に過ぎません。むしろ，本書より優れた【工夫例】を自ら考えてみてください。私たち自身，今後再考することにより，今の【工夫例】にダメ出しをするかもしれません。読者は，何よりも，次の自分自身の反対尋問で実践してみてください。

本書が，若手弁護士のスキルの向上に少しでも役立つものとして，機能することを願っております。

平成30年11月

執筆者代表　京野 哲也

著者略歴

京野　哲也（きょうの・てつや）
弁護士（びほく法律事務所）・岡山大学大学院法務研究科（ロースクール）客員教授

【略歴】

昭和56年東京大学法学部卒業，大手金融機関勤務を経て，平成３年弁護士登録（43期）。平成20～22年度司法研修所民事弁護教官，平成24～26年司法試験予備試験考査委員，平成27年～平成31年筑波大学大学院ビジネス科学研究科法曹専攻（ロースクール）教授，令和４年～岡山大学大学院法務研究科（ロースクール）客員教授。東京で活動後，平成31年４月からUターンして岡山弁護士会に所属替え。

【主要著書】

『クロスレファレンス民事実務講義』（ぎょうせい，2011，2015［第２版］，2021［第３版］）
『基礎から実務へ 民事執行・保全』（共著，日本加除出版，2013）
『Q＆A 若手弁護士からの相談374問』（共著，日本加除出版，2019）
『Q＆A 若手弁護士からの相談203問　企業法務・自治体・民事編』（共著，日本加除出版，2021）
『Q＆A 若手弁護士からの相談199問　特別編―企業法務・キャリアデザイン』（共著，日本加除出版，2023）

【論文】

「法的思考と『法的三段論法』――実務家からみたその『論理』――」筑波ロー・ジャーナル25号（2018）
「『処分証書』概念と『三段の推定』を巡って――『書面外の合意先行』説の試み――」筑波ロー・ジャーナル23号（2017）
「私人の名誉は公人の名誉より軽いか（1）～(5・完)」判例タイムズ1250～1254号（2007～2008）

参考文献

Ⅰ　引用の際に略称を付した文献

・京野哲也『クロスレファレンス民事実務講義（第３版）』（ぎょうせい，2021）＝京野「クロスレファレンス」

・中村真『若手法律家のための民事尋問戦略』（学陽書房，2019）＝中村「民事尋問戦略」

・加藤新太郎編『民事尋問技術（第４版）』（ぎょうせい，2016）＝加藤編「民事尋問技術」

・高野隆＝河津博史『刑事法廷弁護技術』（日本評論社，2018）＝高野＝河津「刑事法廷弁護技術」

・上拂大作「裁判官からみた証人尋問（当事者尋問）のあり方」『日弁連研修叢書現代法律実務の諸問題〈平成26年度研修版〉』（第一法規，2015）＝上拂「裁判官からみた証人尋問（当事者尋問）のあり方」・日弁連研修叢書

・杉本太郎「民事尋問技術の心得と実務・後編」（NIBEN Frontier2014年１・２月合併号）＝杉本「民事尋問技術の心得と実務後編」

・ダイヤモンドルール研究会ワーキンググループ 編著『実践！　刑事証人尋問技術』（現代人文社，2009）＝「実践！　刑事証人尋問技術」（2009）

・ダイヤモンドルール研究会ワーキンググループ 編著『実践！　刑事証人尋問技術part2』（現代人文社，2017）＝「実践！　刑事証人尋問技術part2」

・スティーヴン・ルベット＝エドワード・R.スタイン『現代アメリカ法廷技法』（慈学社，2009）＝スティーヴン＝エドワード「現代アメリカ法廷技法」

・日本弁護士連合会編『法廷弁護技術（第２版）』（日本評論社，2009）＝日本弁護士連合会「法廷弁護技術」

・圓道至剛『企業法務のための民事訴訟の実務解説（第３版）』（第一法規，2022）＝圓道「企業法務のための」

・門口正人編集代表『民事証拠法大系第４巻各論Ⅱ書証』（青林書院，

2003）＝門口「民事証拠法大系４巻」
・フランシス・L.ウェルマン，林勝郎訳『反対尋問の技術』（青甲社，1975），梅田昌志郎訳（ちくま学芸文庫，2019，旺文社文庫，1979）＝ウェルマン「反対尋問の技術」（ちくま学芸文庫）
・裁判所職員総合研修所監修『民事実務講義案Ⅰ（五訂版）』（司法協会，2016）＝裁判所職員総合研修所監修「民事実務講義案Ⅰ」
・笹瀬健児編著『事件類型別エピソードでつかむリーガルカウンセリングの手法』（第一法規，2021）＝笹瀬「事件類型別エピソードでつかむリーガルカウンセリングの手法」
・司法研修所『７訂 民事弁護における立証活動』（日本弁護士連合会，2017）＝司法研修所「民事弁護における立証活動」
・司法研修所『改訂 事例で考える民事事実認定』（法曹会，2023）＝司法研修所「事例で考える民事事実認定」
・加藤新太郎編著『民事訴訟実務の基礎【記録篇】（第４版）』（弘文堂，2019）＝加藤編著「民事訴訟実務の基礎【記録篇】」
・Shane Read, Winning at Cross-Examination: *A Modern Approach for Depositions and Trials*（Westway Publishiing, 2020）=Shane Read [2020]

Ⅱ　その他の文献

・キース・エバンス，高野隆訳『弁護のゴールデンルール』（現代人文社，2010）
・日下部真也「民事尋問の実務的課題」『日弁連研修叢書現代法律実務の諸問題〈平成30年度研修版〉』（第一法規，2019）
・小野純一郎「民事尋問技術について」『日弁連研修叢書現代法律実務の諸問題〈令和元年度研修版〉』（第一法規，2020）
・岸盛一＝横川敏雄『新版事実審理』（有斐閣，1983）
・渡邉春己『反対尋問と事実認定１―尋問の記録と解説』（花伝社，2021）
・パネルディスカッション「民事裁判における効果的な人証尋問」東弁LIBRA2011年７月号

・ステファン・M・コズロー，島田眞琴訳「反対尋問のテクニック」判タ515号（1984）49頁
・R.E.キートン，川崎義徳ほか訳『法廷技術：主尋問及び反対尋問（事実認定教材シリーズ第２号)』（司法研修所，1964）
・E.W.フォードハム，熊谷弘訳『反対尋問：イギリスの裁判20例』（日本評論社，1968）
・ロイド・P.ストライカー，古賀正義訳『弁護の技術（改訂版)』（青甲社，1974）
・大西昭一郎ほか「証人尋問・当事者尋問・鑑定・証拠保全について－１－理想のプラクティスをめざして（プラクティス研究会)」法の支配34号（1978）70頁，「同上－２－」法の支配35号（1978）69頁
・野崎幸雄「裁判所からみた証人尋問」自由と正義29巻４号（1978）62頁
・近藤完爾「交互尋間の実際について」倉田卓次＝住吉博編『近藤完爾　民事訴訟論考　第二巻（訴訟の基本問題)』（判例タイムズ社，1978）239頁，「反対尋間の準備」同279頁，「講演：交互尋間について」同291頁，「座談会：交互尋間の実際について」同309頁
・渡辺昭ほか「座談会・民事訴訟における証人尋問の現状と諸問題」自由と正義31巻５号（1980年）２頁，川口冨男「裁判官からみた証人尋問―現状と問題点―」同39頁，中根宏「当事者からみた証人尋問」同47頁，前田茂「証人尋間の技術」同61頁，本間義信「証人尋間に関する制度上の問題点―比較法的検討を含めて―」同68頁
・木川統一郎「交互訊問制度の運用と将来」鈴木忠一＝三ケ月章監修『新・実務民事訴訟講座２』（日本評論社，1981）75頁
・三宅雄一郎「反対尋間にどう取り組むか」判タ553号（1985）64頁
・河野信夫「民事訴訟における証人及び当事者尋間に関する二，三の問題」司法研修所『司法研修所論集79号』（法曹会，1987）209頁
・山口和男「裁判官からみた尋問技術」東京弁護士会弁護士研修委員会『民事弁護における訴訟活動：東京弁護士会専門講座講義録』（東京弁護士会，1989）
・小島武司=高谷進=豊田愛祥『民事実務読本３（証明・事実認定)』（東京

布井出版，1989）43頁
・大野正男「反対尋問の技術について」野崎幸雄「裁判官からみた反対尋問」東京弁護士会弁護士研修委員会『もっとも効果的な反対尋問：東京弁護士会専門講座講義録』（東京弁護士会，1990）
・加藤新太郎＝大橋正春＝永石一郎＝山本剛嗣＝本間道義「座談会・民事訴訟における尋問技術」判タ905号（1996）４頁（加藤新太郎編『民事尋問技術（第４版）』（ぎょうせい，2016）に所収）
・松波淳一『ある反対尋問：科学者証人への反対尋問例』（日本評論社，1998）
・高橋宏志ほか「座談会・民事訴訟における証人尋問」判タ1109号（2003）４頁
・門口正人ほか編『民事証拠法大系第３巻各論Ｉ人証』（青林書院，2003）
・福田剛久ほか「座談会・民事訴訟の新展開（下）」判タ1155号（2004）４頁

凡例

〈法令名略語〉

民訴	民事訴訟法
訴規	民事訴訟規則
刑訴規	刑事訴訟規則

目　次

第2部 反対尋問の基本スキル

Ⅰ スキルの前提となる基礎知識

Ⅱ 反対尋問のスキル――基本編

第4部 反対尋問と関連する他の尋問シーン

索　引

はじめに

§1 【本書の基本コンセプト】

① 民事訴訟における反対尋問をどうやったらよいのか，なるべく具体的に，分かりやすく解説しようとするものです。

② 尋問技術について，法廷弁護技術についての先行文献や，民事でも加藤編「民事尋問技術」（ぎょうせい）を始めとする優れた書籍があります。本書では，民事の反対尋問に焦点を当てて，「どう聞くか」のスキルを主として，「ありがちな（残念な）例」を示した上で，どう工夫すればよいか，正解はない中で，具体的に検討し，ポイントを抽出し簡潔に解説しようとしたものです。

③ 極力抽象的な解説を排し，具体的な事例を素材に解説するように努めていますが，一方，事例は短く読み切りにしてあります。事例を示す場合，まず事例の人間関係や請求内容等を読んで理解しなければならないという非効率さがあります（知りたいことに到達するのに非常に時間がかかります）。そこで，取り上げる事例は，示したいポイントを把握するのに必要な限度に限り，可能な限り簡潔にしています。つまり，事例といっても，実際の尋問例をそのまま取り上げるのではなく，局面を単発で切り取って，汎用性のある，いわば「要素場面」を設定して各テーマを解説しているものです（元となる事案は様々ですが，その個性が消失するように加工して，汎用性を持つようにしています）。

④ たくさんの引き出しを持つ索引を設け，そのまま，Tips（コツ・スキル）集となっています。

⑤ 反対尋問との関係でその他の尋問場面も掲載したので，本書１冊で，反対尋問以外の尋問の重要な部分についての基本的な知識とスキルも体得できるように編集してあります。

⑥ 刑事弁護の分野においては，米国のいわゆる法廷弁護技術に刺激を受けて，かつ独自の工夫をこらした優れた文献がありますが，我が国の民事尋問においても妥当する，共通する有益な部分はその一部を取り入れて説明しています。

⑦　本書では当事者尋問及び証人尋問を合わせて「人証」と呼び，特に断らない場合，当事者も「証人」として扱っている場合もあります。また，場面に応じて，尋問を行う人（読者自身ともいえます）を「質問者」，証人等を「回答者」というニュートラルな表現を用いています。

なお，表記として，基本的に「A」が回答者（証人，当事者)。コメントを「※１」のように示し，回答者の発言にコメントを付すときは「※１'」のように表記しています。

「尋問」は「主尋問」のように包括的な意味で（訴規106等)，「質問」は個々の問いの意味で（訴規115等）用いられる。法律家でない一般の人は，「尋問」というと暗い取調室や甚だしくは拷問のようなイメージを持っており，「尋問されますよ」というとギョッとする。だから，「民事訴訟法では証人尋問というのですが，尋問って，法廷でのヒアリングのようなものですよ。私がサポートしますから心配しないで」などと説明しておくとよい。

（京野「クロスレファレンス」§487から引用）

第1部

反対尋問の基本構造とルール

1 反対尋問でやること

（1） 人証でやること

§2 「論より証拠」

準備書面は「論」に過ぎず，陳述書・供述内容が「証拠」です。争いのある事実は，証拠によって証明しなければなりません。陳述書や主尋問での供述は，当事者の主張に近いものですが，それでも，準備書面にだけ書いてあって陳述書や主尋問での供述にないことは，事実認定の基礎とすることができません。民事訴訟法で学習する弁論主義第１テーゼの内容は「証拠資料をもって訴訟資料を補えない」ということでしたが，逆に事実認定においては，「訴訟資料（主張）をもって，証拠資料（事実）を補えない」ので，裁判官の事実認定に必要な事実を人証手続により提供する必要があります。

そのため，立証のために陳述書を提出し主尋問を行います。裁判官がその証拠から当方主張事実を認定してくれればよいわけですが，相手方は当方と反対の立証活動をします。そして双方ともに，反対尋問によって相手方の立証を減殺することに努めます。裁判官は争点整理の結果と陳述書から一応の心証を形成しており，主尋問でそのイメージどおりならば，反対尋問で少々崩れたとしても全体として「持ちこたえた印象」があれば基本的に主尋問を前提に事実認定するともいわれます[*1]。そうすると，当方の立証のために重要なのは主尋問であり（そこで崩れないこと），そして，反対尋問は多くを期待することはできない，ともいえそうです（そのように説明されることも多い）。ただ，双方に決定的な証拠がない事案や，決定的証拠となる書証の信用性を崩さない限り敗訴必至というような事案では，反対尋問の巧拙によって裁判の帰趨が決まることもあります。また反対尋問が下手であれば勝てるケースでも勝てないことになり，代理人の技術（スキル）いかんにより効果が大きく変わり得るという意味で，反対尋問の技術を学ぶことは，民事裁判において最も重要で，かつ困難なことの一つです（難しさにつき→§87）。

---

*1　上掲「裁判官からみた証人尋問（当事者尋問）のあり方」・日弁連研修叢書363p参照。

(2) 反対尋問でやること／その目標

§3 反対尋問の目的

当方からみて対立的立場にある，いわゆる敵性証人の証言からどのようにして当方の主張を防御し，また，どのように利用するか。反対尋問の目標として，実践的には次のようにまとめられると考えます[*2]。

—反対尋問の原則的な獲得目標—

(i) 防御のために弾劾として

①主：相手方の主張（主張事実やストーリー）の信用性を低下させる

②従：証人の信用性を低下させる

(ii) 相手を利用して，③有利な間接事実を法廷に顕出する（→§7で説明）

相手方の事実主張や証言は，当方の反対尋問に耐えた後であれば，裁判官はそれが信用できるものとして事実認定の資料にしてしまう可能性が高まります（→§2の注掲記文献参照)。相手方の主張が生き残れば通常は当方の主張の信用力が低下します。そこで，①その相手方主張の証言を弾劾して，なるべくこの被害を小さくすることが主な目標になります（具体的な弾劾のやり方の基本は→§10以下で説明)。防御としての弾劾が劇的に成功すること（決定的に矛盾する事実を突きつけるなど）もありますが（→§12参照)，それはよい弾劾材料があって，かつ，適切な手順により尋問ができた場合に限られます。

②は①を含んで「証人の信用性を減殺する」ともいわれますが，①と区別するならば，当事者に肩入れする「偏頗性」を属性として有すること，不合理な主張をした事情や法廷での供述態度等から，その証人の供述の信用性低下が①のために役立つ場合です。それ自体の意義は大きなものではなく，「人に対する攻撃」(悪性格立証に似たもの）にならないように留意しなければなりません（→§6に減殺の視点を掲げます)。

＊2　高野＝河津「刑事法廷弁護技術」146p以下では，刑事事件における反対尋問の目的は，異なる二つのタイプがあり，一つはこちらに有利な事実を承認させる「活かす」反対尋問であり，もう一つは，敵性証人の証言の信用性を減殺する「殺す」反対尋問であるとされている。上記§3（ii）の③有利な間接事実を法廷に顕出するのは「活かす」反対尋問の一面に相当しよう。また，文献Shane Read［2020］43p，128p等は反対尋問のトピックを選択するに当たっての５つのポイントの一つとして「support your case」と名づけている。

③は，いわば「敵性証人の口」を利用して（質問が否定されないで残るという形で），有利な間接事実（その言語的表現，「見え方」を含む）を法廷に顕出することを目的とするものです。裁判官は基本的書証と「動かし難い事実」を事実認定の基礎にしますが[*3]，争いがない事実や不利益自認事実もこれに含まれ，事実認定の足場になるので，弁護士はこの足場となる供述を得ることも目的とするのです（③のやり方の説明→§7。③を目的とする例として§8，§71など）。

【動かし難い事実】[*4]

1　争いがない
2　供述が一致（1と重複する面あり）
3　成立が特に争われておらず，類型的に信用できる文書に記載された事実
4　自己に不利益なのに認めている事実

(3)　反対尋問で何をするのか——弾劾：その基本構造

最初に，反対尋問のキモというべき「弾劾」のやり方について（反対尋問の目的→§3），その二つの基本構造を説明します。

§4　第1パターン　直接の矛盾　ケース①

ケース①
交通事故の被害者が「交通事故で負った怪我の影響で外出を控えていた」と主張している事案で，被害者に対する反対尋問。しかし，質問者は「事故後に被害者が海でバーベキューをしているSNS上の写真」を入手しているため，この被害者の主張を弾劾したい（尋問例→§12以下）。

この場合，次の甲・乙（単なる記号ですが→§10）の事実は，直接に，矛盾，相反しています。本書では，この矛盾を突きつけるやり方を「第1パターン」と呼びます（次の「第2パターン」を含め筆者の造語，京野「クロスレファレンス」§521以下。同書3版で公表したものです）。

---

*3　司法研修所「事例で考える民事事実認定」47pなど参照。
*4　司法研修所「事例で考える民事事実認定」46p以下参照。

甲「怪我でレジャーに行けなかった」←→乙「海辺でバーベキューしていた」

第1パターンは，逃げ道を塞ぐ準備をした後に矛盾を突きつける尋問の一連のパターンですが，弾劾尋問の構造としては次に述べる第2パターンが，矛盾が見いだせない場合を含めた一般的な構造です。

ケース①の尋問例§12のほか，第1パターンの例として→§81，§82など参照。

§5　第2パターン　経験則による推認　ケース②

次の定式とケース②を見てください。

【定式】
αならば，γなのだから，通常βであるはず。ところが，βでない。ということはαでないと推認される。

ケース②
原告女性は会社同僚の被告に，車中で強制性交されたと主張しているが，実は原告と被告は不貞をしていた事案で，原告に対する反対尋問。質問者は，強制ではなかったことを示したい。なお，原告は負傷しておらず警察に被害届を提出していない等の事実は尋問前に分かっている。

定式にあてはめてみましょう。α「全力で抵抗した」というならば→γ狭い車内等の条件なのだから→β衣服破れ，怪我をしているはず→ところがβでない（衣服破けてない，怪我もない)→αでないと推認される（このケースの尋問例は→§14。他の例につきネタの探し方を§16で説明しています。

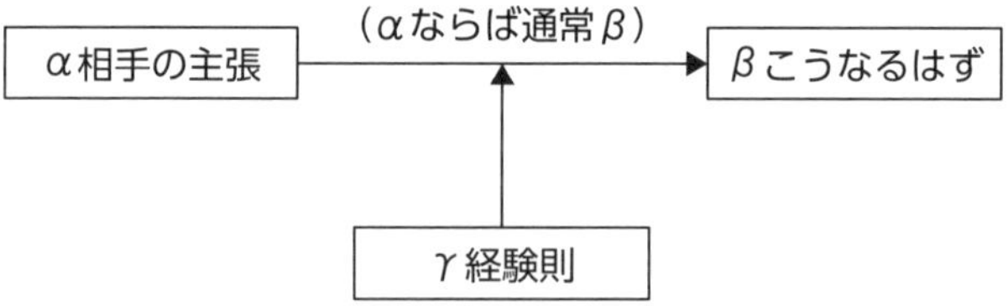

γは「αなら通常β」となる経験則や根拠*など（例→§53）

*「根拠」には，「本件で具体的に妥当する条件を充たす」ことも含む

このような経験則の働きは，民事訴訟法及び司法研修所で常識として学ぶもので目新しいものではありません。しかし民事反対尋問で弾劾として行っていることの構造を分析すると，多くは，このパターンの「3点セット」を法廷に顕出することを目指しています[*5]。この構造にアテハマることを示すことにより，αに当たる間接事実（相手方主張）の信用性を低下させる機能を果たすことになります。

また，相手方がαと言い「βである」と主張（供述）する場合に，それと矛盾相反する「βでない」客観的事実（自己関与証拠など→§10）があるときに，それをぶつける際の手法として第1パターンを用いることになります。つまり第1パターンは，矛盾がある場合に使える弾劾の特殊な局面ということです[*6]。

§6　証人の信用性減殺の視点

相手方人証の信用性を減殺する反対尋問は，対象が人である点が特殊で，反対尋問の目的（→§3）のうち従たるものになります。裁判官は利害関係や供述内容の合理性一貫性よりも，争点整理の過程で得られた「動かし難い事実」との整合性をもって人証の信用性を判断するので（→§3），本項の，以下の視点はそれほどの重要性を持ちませんが，検討に当たっての視点は，例えば以下のような整理ができるかと思います[*7]。この項は更に京野「クロ

---

*5　筆者のいう「3点セット」は相対的なものであり，α強制性交があった，γ全力で抵抗するもの，β衣服破れ，怪我をしているはず，と捉えてもよい（警察への届出の点は，厳密にはγが多少異なる）。

*6　更に考えると「矛盾，相反」は，多くの場合は厳密な意味での矛盾ではなく，第2パターンの構造に包摂されることもある。ケース[1]で見ると「αレジャーに行けなかった，というならば，γ通常，β海にバーベキューに行ってないはず，しかるにバーベキューをしていた」という第2パターンの事態を示しているところ，ここでのγが（おおむね）必然という意味で，矛盾がある。

スレファレンス」§532-3，§535を参照してください。

① 利害関係（偏頗性，（刑訴規199の６「利害関係，偏見，予断等」参照））

証人の属性として（利害，親戚，取引，交友等），相手方に有利な証言をする利害関係や動機，偏見，予断など。

② 知覚・記憶の状況（刑訴規199の６「観察，記憶又は表現の正確性等証言の信用性」参照）

何年前の話なのか，その出来事を特に記憶している事情があるか，他の出来事を異様に正確に再現していないか，目撃証言であれば（民事ではあまりないが）目撃時の状況（明るさ，距離など），現在の記憶力の状況など。

③ 証言に至る経緯

当初から一貫して同じ内容を話しているか，途中から言い出したことなのか，など。

④ 証言の態度

過度に敵対的，断定的，回避的ではないか，など。

また，相手方証言の証明力を低下させるため，相手方人証の，経歴，職歴，当事者等との関係，過去にした同種行為の有無，学識，知力，性格等の背景情報を可能な限り事前に把握しておきます（また性格により対処は異なる→京野「クロスレファレンス」§532-3，§535）。

（４） 反対尋問で何をするのか――利用：有利に味付けした間接事実の顕出

§７ 「問う」立場を利用して

裁判官が裁判資料のどこから心証を得るかは，事案次第・裁判官次第ですが，基本的書証と「動かし難い事実」の大枠（→§３）の中で，争点として確認された要証事実（通常は争いある主要事実＋これを推認させる間接事実のうち重要なもの）と尋問調書（だけ）を照らし合わせて判決を書くこともあるかもしれません（少なくとも準備書面はほとんど見ない）。そこでは尋問調書に書かれた「言葉」が事実認定を支える「事実」の表現として，重要な役割を果たすこともあると思われます（特に，控訴審裁判官など直接尋問

＊７　杉本「民事尋問技術の心得と実務後編」12ｐも参照。

を聞いていない判断者の場合)。反対尋問を通じて裁判官の認識のフレーム形成を助けることができれば，反対尋問側の理想です。

そこで主尋問までに顕れていない間接事実（その表現）を引き出すこと＝反対尋問の目的（→§3）③を考えます。相手方は積極的に当方有利な事実を述べることは通常ありませんが，反対尋問は「問う」立場なので，「問い」の持つ力を利用できます。**有利に味付けした具体的事実・表現**を質問文に盛り込み，そして相手に否定されなければ，その事実は調書上生き残って存在することになります[※8]。そこで否定されにくい問いを，文脈や相手の個性に応じて工夫します。質問により間接事実の見え方を提供するケースを§71でも触れます。

§8　〈無施錠の引出に〉ケース③

質問者は証人ＡがＳの印鑑を冒用したと主張し，ＡはＳ本人が捺したと主張している。質問者は，ＡがＳの事務所に居候して事務所を自由に使っていることから冒用した事実が推認されると主張したい。なお，Ｓが印鑑を入れていた机の引出しが施錠されていなかった事実は（積極的にではないものの）主尋問までに顕れている。

【ありがちな例】	【工夫例】
Q：この印鑑は，事務所にあるＳさんの机の引出しにいつも入っていて，その引出しは鍵がかかってなかったのですね。[※1] A：Ｓはいつもそこからハンコを出して使ってましたね。 Q：あなたがＳさんの不在の間に，勝手にＳさんの印鑑を使ったのではないですか。[※2]	Q：この印鑑は，あなたとＳさんが共用する事務所に置いてありましたね。[※3] A：そうですね。 Q：この印鑑は，事務所にあるＳさんの机の引出しに入っていたのですね。[※4] A：そうですよ。 Q：その引出しは鍵はかかってなかったのですね。[※5]

*8　尋問調書の反対尋問の部分だけを読み比べてみると，反対尋問のQ＆Aのうち，Qの部分の発話内容が結構重要だということに気づく。質問者の側がストーリーを語る形で事実を置いていき，証人がそのストーリーを否定できていないとき，証人は（消極的ながらも）自らそのストーリーを語っていることになる。

A：いいえ，S本人が私の目の前でハンコを押しました。	A：Sはいつもそこからハンコを出して使ってましたね。 Q：その引出しは無施錠だったのですね。[※5] A：まあそうですね。 Q：この事務所に，Sさんはたまにしか来なかったということですね。[※6] A：……まあ，そうですね。 Q：だいたいどれくらいの頻度でしたか。[※7] A：月に１～２回かな。

とても地味なケースですが，Sがハンコを捺したのか，それとも証人Aが冒用したのか，双方が異なる主張や証言をする場合で決め手がない事案では水掛け論になりがちです。

本ケースでの第２パターンの構造は，α「Sの印鑑を勝手に使っていない」というならば，通常はβ「Sの印鑑を自由に使える状況がなかったはず」，ところが印鑑を自由に使える状況だったこと，を顕出しようとするものです。

【ありがちな例】※１は「一文一意」原則（→§67）に反し，※２は「ストレートに聞くな」（→§54以下）に反するまずい質問です。

このケースで，「βでない」つまり，「AがSの印鑑を自由に使える状況があった」事実を少しでも効果的に調書に顕出するために，事実を分割して提示するとよいでしょう。①印鑑は事務所にあった，②事務所の机の引出しに入っていた，③その机の引出しは無施錠だった，というように分解して「事務所→机→引出し」とズームインして，「一文一意」原則を意識しつつ，※3~5の誘導質問をしています。そして，質問中のコトバとして事務所の「共用」（※３），引出しが「無施錠」（※５）というように有利に味付けした言葉を用いることで，このケースでは大変微妙ですが事実認定に使えるような表現を「調書に加える」ことにより「裁判官の起案を助ける」ことを意識したものです。

【工夫例】は，主尋問までに顕れている事実と比べて，違う事実を提示（発見）しているわけではなく，既に分かっている事実を基にして，否定しないはずの事実を聞いているだけです。しかし，【ありがちな例】と比べると，【工夫例】の方が，当方有利な認定につながる可能性のある事実が，その表現（見え方）を含めて，少しだけ豊富に結果的に証人の口により語られていることになります。このほかにも，例えば§55では「コストカット中でも」「わざわざ」「被告を採用した」のように「質問中の言葉」を意識している例があります。

なお，このケース③では，回答者が基本的な事実を否認しない（できない）と予測できる場合なので，※３から※６まで誘導度の高い聞き方「ですね」と聞いています（→§44）。もちろん事案によっては，反対方向のことを言い出すリスクもあり，途中で切り上げることもあるでしょう（※７の質問はオープン質問（→§45）なので通常はリスキーですが，主尋問までにＳが来る頻度は「たまに」であることが分かっているので用いているものです）。

【裁判官の起案を助けよう】【ストレートに聞かない】
【視点をズームインする】

§９　「なかった事実」を提示する

「問い」の持つ力の一環として，存在しなかった事実を，意味あるものとして法廷に顕出するスキルがあります。まず次の【例１】を見てください。

> 【例１】
>
> 船長は，アル中の航海士が昼から酔っ払っているので，航海日誌に「航海士は今日も昼から酒を飲んで執務に支障がある」と書いた。航海士が抗議すると，船長は「事実だからしょうがない」と言った。
>
> 航海士は航海日誌に「○年○月○日，船長は酒を飲まないで執務していた」と書いた。船長が抗議すると，航海士は「事実を書いたまでです」と言った[*9]。

航海士の日誌は，船長の普段の行動に疑念を生じさせますが，事実に反してはいません。事実には反しない「なかった事実」を，意味を盛り込んで書くというレトリックを「悪用」したケースといえます。

---

*9　教育哲学者である宇佐美寛『議論は，なぜ要るのか（宇佐美寛・問題意識集５）』（明治図書，2001）197pに記載のあるエピソードから，その趣旨を引用した。

次の【例２】はどうでしょうか。

【例２】
（1） 岡田はその場を立ち去った。
（2） 岡田は振り返りもしないでその場を立ち去った。

事実として，岡田氏が立ち去る際に特段の所作はなかったとします（そのような録画があると仮定すると分かりやすい）。この「振り返らないで」というような「なかった事実」は，話者が，対象についていくらでも加えることができます。「ニコリともしないで」「声をかけることもしないで」などなど。

もし，岡田氏が「これではあたかも冷たい人間みたいではないか」と抗議したとします。そうしたら，「あなたは，その場を立ち去るに当たって，振り返りましたか？」と質問でき，岡田氏は，していないことはしたとは言えませんから，認めるほかありません。このように，話者は，事実に反することなく，論理的にはいくらでも「～することなく」という叙述を加えることができるのです*10。

裁判の場では，反対尋問で「あなたは，その場を立ち去るに当たって，振り返りましたか」という質問によって間接事実を顕出した後に，(2) の文章を準備書面で書くことができます。

これは，なかった状態を「対比」して強調するレトリックで，反対尋問において，「なかった事実」を顕出することによって，相手の挙動の「意味」に色を付けることができる例といえるでしょう。弾劾第２パターンの場合に「βでない事実」を突きつける場合（→§16に説明。例：§14）が多いでしょうが，より一般的な利用も考えてみるとよいと思います。

例えば，原告Ａが通勤途中に被告の飼い犬に手を噛まれたと主張しているケースを考えましょう。被告はその事実を否認し，一方，勤め人のＡは仕事が忙しく病院に診察に行けなかったと主張し，写真も残していないことを認めているとします。この場合，Ａに対し次のような反対尋問ができるでしょう。

*10 「論理的には無限」ということの意味＝例えば「今日は，火星には行かないで渋谷に行った」という文も，真実火星には行ってないのだから（2023年の現時点では間違いなく），文としてはおかしくない。

弁護士：Ａさんのおっしゃるところでは，手を噛まれたが，病院には行けなかったということなんですね。
Ａ：そう，痛かったけどねえ，忙しかったんですよ。
弁護士：会社に着くまでに薬局に寄りましたか。
Ａ：そんな余裕はなかったです。
弁護士：年休を取って病院に行けないだろうかと，あなたの上司に相談しましたか。
Ａ：会社が忙しい時期で，そんなこと言えませんよ。
弁護士：年休でなくとも，昼休みにかけて外出して病院に行けないかと，あなたの上司に相談しましたか。
Ａ：さっきも言ったでしょう。忙しい時期でそんなこと言えませんよ。
弁護士：その日の仕事が終わった後，病院には行けませんでしたか。[※5]
Ａ：遅くなったので。
弁護士：事実としてその日に病院に行ったのですか，行かなかったのですか。
Ａ：行ってはないですね。
弁護士：家に帰って，噛まれた傷を手当しましたか。
Ａ：……家にあるもので応急措置はしました。
弁護士：そのときに傷を見ましたか。
Ａ：見ましたよ。
弁護士：傷を見たんですね。その時に写真を撮ってはいないのですね。
Ａ：撮ってはないね。

この尋問例では，病院に行っていない，傷の写真を撮っていない，という既に分かっている「していない」事実を，更に具体的な「なかった事実」で肉付けしているといえるでしょう。「病院に行っていない」というやや抽象的レベルの事実を尋問で確認するだけでなく，時間や場所などの状況を，より具体化する質問により加えていくのです。

なお，「なかった事実」を示すことは，本書244pColumnのほか，刑事裁判で前注2に引用した「刑事法廷弁護技術」159pに分かりやすい例があります（被害者証人は，被告人が家に来た際に，同人を拒否したり被告人が犯人であるなどと言っていなかったところ，弁護人はこの証人に対する反対尋問で，同人が言わ「なかった」事実を効果的に示しています）。

このように，存在した事象Aと存在しなかった事象Bとを対比する場合は，事象Bは先述のとおり論理的には無限にあり得，その中で意味のある事象を選択し，事象Bが「なかった事実をえぐり出す」形で効果的に提示するのです[*11]。

なお，概念（コトバ）自体に「対比」関係がある場合があります。すなわち「右手であり，左手でない」，同様に「メガネを掛けていた，裸眼だった」「上，下」[*12]「外，内」などなど，状況により対比できる事象はたくさんあるので，「なかった事実」を見いだす切り口になります。

【なかった事実をえぐり出す】【「対比」のレトリック】

---

*11　効果的，ということは，やり過ぎると証人をいじめているようにも思われる可能性があるので，ケースによりほどほどがよいと思われる。

*12　高野＝河津「刑事法廷弁護技術」158p。

2　弾劾のやり方の基本

(1)　第1パターンの弾劾

§10　一般的な手順

具体的に実現する手順は次のとおりです（尋問の具体例はすぐ次の§11以下を見てください）[*13]。

(i)　「仕掛け」甲を尋問の前の方に置いてみる（甲をこの法廷で認めるか聞く）
→それを認めたら（食いついたら）←「ＣＣＣ」のＣ①肩入れCommitmentに当たる（例→§80，§86）

(ii)　「伏線を張る」必要に応じ（可能な範囲で）逃げ道を塞ぐための質問を出す（例→§81，§82。(i)と(ii)は連続して行うこともあります→§77）

(iii)　以上の前提を固めたら，「タマ」乙をぶつける（「対面させる」or「事実を示す」，矛盾状態の顕出）←「ＣＣＣ」のＣ③対面Confrontに当たる

ここでぶつける「タマ」乙といっているのは，客観的事実であり，その典型が「弾劾証拠」です。この客観的事実には証拠すなわち，客観的証拠か自己関与証拠[*14]が含まれます。例えば，証人が甲「急な坂ではない」と言うとき（→§85）に乙・急坂である事実を示す測量士作成の報告書（客観的証拠），甲「父死亡後に父の印章は一切使用していない」と言うとき（→§91）に乙・訴訟委任状に父の印章を使用している事実（自己関与証拠：自身の行動）を指します。民事では狭い意味での自己矛盾供述が現れることは少ないといえますが，主尋問で初めて出てきた自己の供述を「乙」と捉え，反対尋問で甲を固めて乙と対面させるという高度なスキルを用いた§123があります。

*13　これは，「３Ｃ」「CCC」＝「実践！　刑事証人尋問技術part2」75p以下，日本弁護士連合会「法廷弁護技術」141p［秋田真志執筆部分］などに紹介されているもの（①法廷証言での肩入れCommitment，②過去の供述の信用性の確認Credit，③対面Confront）と共通する。なお，スティーヴン＝エドワード「現代アメリカ法廷技法」156p以下では前二者の順序を入れ替えることが有効な場合に触れている。

*14　自身が関与し提出した証拠（→§77），自身の言動や，刑事でいう「自己矛盾供述」を含む。

重要なことは，（i）（ii）までで前提を固めた上でタマをぶつけることです(失敗例→§76)。（i）の食いつきがなかったらそのトライ（ターン，ピリオド）はそこで終え，（ii）の伏線を十分に張ることができない場合には，（iii）で逃げられるリスクを覚悟しながらぶつけるかどうか，その場で判断することになります。

§11　伏線の張り方

「タマ」乙をぶつけた際の相手の回避行動（逃げ道）を予測し，そこから逆算して回避させないように予め仕掛を置いて前提を固めるようにします(例→§77)。

【回避行動のパターン】

a　「曖昧さ」に逃げる（曖昧戦略）

b　具体的な「嘘」をついて逃げる

c　余計なことをしゃべり出すか，黙ってしまう

このうち，c・しゃべり出したら制止すればよく（その方法→§46)，黙ったら§12の【工夫例】末尾のように沈黙を言語化して質問を終えます。

曖昧戦略とは，§12の【ありがちな例】「気分転換でたまたま出かけただけ」のように言い訳をすることです。この言い訳は，「乙」と対面しても矛盾しないようにするために「外出を控えていた」という事態（についての言明statement）を曖昧化（相対化）しているものです（曖昧化のその他の例→§84など)。

そうすると曖昧化を許さないため，乙をぶつける前の段階で自ら言明の輪郭を厳密にさせるとよいわけです。例えば「山や海へレジャーになど行ってない」と言わせたい。そこで，乙をぶつける直前のゴールを想定してそこから逆算して考えていきます。

8　乙をぶつける：海でバーベキューしている写真
↑
7　ゴール「山や海にレジャーになど行っていない」
6　↑山や海にレジャーには行ってないのですか（誘導）
5　「そうなんですよ」
4　↑体が辛くて生活が制約されたのですね（共感）
3　「必要最小限以外は体が辛かったので家にいました」（少しはあったが）
2　↑全く外出されてないのですか（「全く」ないか？）
1　スタート：事故後は怪我のせいで外出を控えていた

1・尋問する際のスタートの状況「外出を控えていた」，だけでは曖昧戦略で逃げられる空間が広がっているので，証人自身に，7・「レジャーになど行っていない」＝積極的に空間を埋めてもらう（逃げ道塞ぎ，矛盾の起点を固める）ことを目指します。

2・逃げ道となる行動空間を限定していく第一歩，仕掛の質問です。「全く」ないかと聞かれれば→「少しは」あったと答えやすくなります（全称質問で否定形→肯定するハードルは高い→§118)。これに食いついてそのように3の回答があったところ（少しだけはあったが），これに対し，4・「体が辛くて生活が制約されたのですね」（共感を示して誘導する）と聞くことにより，次の6・外出を否定する方向へ誘導しています。その結果，工夫例では7・「行く気にすらならなかった」という回答まで導出されています[*15]。このように常にうまくいくわけではないですが，時折，勢いで想定以上のことを言ってくれることもあります。

§12　第1パターンの反対尋問例

以下，すぐ前の§11に構造を示したケース①（→§4）の反対尋問例を示します。

*15　ここでやっていることは前注13「CCC」の最初のC肩入れCommitmentに当たり，刑事法廷弁護では，「逃げ道を塞ぐ」＝「ピン止めする」＝「Commitさせる」＝「証人に肩入れさせ，自ら扉を閉めさせよ」などと表現されている。

【ありがちな例】

Q：あなたは，お怪我のせいで外出を控えていたと主張していますね。

A：はい。

Q：弾劾証拠として，後に提出する乙８号証・写真を示します（弾劾証拠手続→§32）。これは，あなたのSNS上の写真ですが，事故後にあなたが海でバーベキューをしている写真ではないですか。[※1]

A：……確かにこれは私のようですが，怪我のせいで家にこもることが多く滅入ってしまったので，気分転換で出かけたものです。[※2]

【工夫例】

Q：１あなたは，事故後は，お怪我のせいで，外出を控えていたとおっしゃっていますね。

A：はい。

Q：２全く外出されていないのですか。[※3]

A：３ええ，まあ病院に行ったり買い物に行ったり，必要最小限の外出をすることはありましたが，それ以外は体が辛かったので極力家にいました。

Q：４なるほど，体がお辛かったから，事故後の生活が随分と制約されてしまったのですね。[※4]

A：５そうなんですよ。

Q：６すると旅行に行ったり，山や海にレジャーに行ったりすることもできなかったんですかね。

A：７はい。体が辛いので，そのような気にすらなりませんでした。

Q：８山や海にレジャーに行く気にすらならなかったのですね。弾劾証拠として後に提出する乙８号証・写真を示します（弾劾証拠手続→§32）。これ

	は，あなたのSNS上の写真ですが，投稿日が平成30年８月20日で「楽しんでます」と書いてあるので，その頃撮影された写真ですね。※5 A：……はい。 Q：すると，この写真は，事故後に，あなたが海でバーベキューをしている写真になりますね。 A：……確かにこれは私のようですが，怪我のせいで家にこもることが多く滅入ってしまったので，気分転換で出かけたものです。 Q：あなたはつい先ほど，事故後は体が辛くて山や海にレジャーには出かける気にすら，ならなかったとおっしゃいましたね。 A：…… Q：お答えがないので，○○からの質問を終わります。※6

【ありがちな例】では，「言い訳できない状況」（仕掛）を置かずに※１でストレートに弾劾証拠をぶつけているため，※２で，逃げられてしまっています。

【工夫例】では，前項§11で説明したように，仕掛が成立し矛盾の起点を固めることを目標に※３以下の質問で誘導しています。※３は，「全く」ないかという質問（全称→§118），※４が「わざと共感を示して，誘導する」

といえるスキル，※6は「沈黙を処理」するスキルです。

なお，弾劾証拠の写真に対し，「自分の写真ではない」「その写真は事故前に行ったときのものです。当時はずっと自宅にいて写真の整理をしてSNSに過去の写真をアップしただけ」という方向により逃げられる可能性があります。写真の撮影時期について客観的証拠がある，あるいは，撮影時期について回答者のクレジットが得られるとき[*16]は別ですが，通常それはないので，乙の示し方として，なるべく，嘘を言われないように工夫するほかないところです。SNSなら「楽しんでます」とか「○○海岸に行きました」などと書いてある可能性が高いので，その場合は上例※5のようにその事実を指摘できるでしょう。考える暇を与えないように，リズムよく押し切ることをイメージして逃げ道を塞ぐ※5のような質問ができるとよいでしょう。

第1パターンの弾劾は，§75以下で更に別の例を挙げながら説明します。

【矛盾の起点を固める】【「全称」「部分」により誘導する】
【共感を示して誘導する】【沈黙の処理】

(2) 第2パターンの弾劾

§13 第2パターンの弾劾の手順

第2パターンは，§5で示したα・β・γの3点セットが顕出され証人が否定できない形を示すことができれば，後に準備書面でもって，経験則を適用して相手の主張が認められない旨を主張すればよいものです（例外的に劇的効果を狙うこともあるでしょう）。

「3点セット」顕出の順番に決まったものはありませんが，基本的に，第1パターンと同様に，①仕掛→②伏線→③ぶつける，になります。①αを固めることができたら（仕掛），②γの逃げ道を塞ぐための「伏線」を置いた上で（伏線の張り方§15）→③相手が気付いていないタマ・ネタを「ぶつける」，という手順です（ネタの探し方→§16）。

これを次のように定式化してみましょう。実務家なら誰でも自然に頭の中で行っているものですが，「自転車の補助輪」のようなものです。

---

*16　前注13「CCC」のうち二番目のC（過去の供述の信用性の確認Credit）に類似する。

①αを固める→②γの逃げ道を塞ぐ→③βでないことを示す

① αを固める 通常は相手方が主張していることですから問題ないはずですが，αを固める質問をしたところ，意外にも争われたり（陳述書と違うことを言うこともある→その場合の対応§104)，てこずる場合には，その段階でその狙いのトライをあきらめることもできるので，順序として最初に固めておくのが基本です。

①' αを「誘い出す」・具体化する 陳述書・主尋問で出てきた事実だけでは，クリアな３点構造を構成できるだけのαを明示してない場合に，質問により事実を誘い出します。攻め所がない場合に積極的に作る作業になります。誘い出して固めることは，第１パターンの「肩入れ」と共通する作業です。

例：§14の※４「あなたは，被告と性交渉したい気持ちはなかった」，同※５「あなたは，全力で被告に抵抗したのですか」。虚偽・「砂上の楼閣」を太らせるといえる例→§86，§89，また，「過剰な防衛」に導くといえる例→§90，91。

② γの逃げ道を塞ぐ・γを補強する 例：§15，§51，§73など／なお失敗例として§53の【ありがちな例】

③ βであることを示す 例：§68 なおβでないことが，既に顕れている・動かない事実である場合は，③を行うまでもなくγの確認で終わります。例：〈お風呂の抗弁〉§73ではα＝肉体関係ない，β＝二人でラブホテルに入ることはない，そこでは③βでないこと［ラブホテルに二人で入った］は既に顕れており，本件でγが成り立つかが問題＝回答者はγを相対化・曖昧化して逃げようとする（例：お風呂に入るためにラブホテルに）⇒その言い訳をつぶすための弾劾証拠をぶつけるなどします。

§14 第２パターンの反対尋問例

第２パターンの尋問例を，§５のケース２について示します[*17]。

---

*17 このケースは，ジェンダーバイアスの問題を含み表現的にも検討の余地があるが，あくまでも技術を示す過去例として示している。

【ありがちな例】

Q：好きでもない人の車に，二人きりで乗り込むのは，不自然じゃないですか。※1

A：いいえ，会社の同僚にまさかこんなことをされるとは思わないですし，少し話し込んでしまったので，道端で話すよりは，車内の方が話しやすいと思ったのです。

Q：それだけ話し込むということは，会社でも仲がよいのですよね。

A：特によいわけでもないですが，同じ部署にいるので，話すことは色々あります。

Q：襲われた時，嫌だったら大声を上げて，助けを呼べばよかったのではないですか。※2

A：抵抗するのに必死で，冷静に考えられませんでした。

Q：警察にも行かなかったのでしょう。

A：悩んだのですが，会社の人なので，外部の捜査機関には訴えにくく現状では警察に行っておりません。

【工夫例】

Q：あなたと被告は知り合って何年くらいですか。

A：私が入社してからなので５年です。

Q：あなたは，被告に車内で強制性交されたとおっしゃいますが，被告はどのようにして無理やり行為に及んだのですか。※3

A：私の体を押さえつけて，スカートを上げてきました。

Q：あなたは，被告と性交渉したい気持ちはなかったということですよね。※4

A：はい，もちろんです。

Q：すると，あなたは，全力で被告に抵抗したのですか。※5

A：はい。本当に嫌だったので，両手で被告の腕をつかんだり，体を押し出したり，足で蹴ったり全力で抵抗しました。

Q：被告は相当強い力で迫ってきたということですね。※6

A：はい。

Q：ところで，あなたに打撲や擦り傷などはなかったのですね。※7

A：はい。怪我はありませんでし

	た。
	Q：あなたの衣類は破れたりしましたか。[※7]
	A：それはありませんでした。
	Q：あなたは，そのことがあった後も被告と連絡をとっていますか。[※7]
	A：同じ会社なので，最低限の連絡はしています。
	Q：あなたは，そのことがあった後警察に行ったことはないのですね。[※7]
	A：はい。

※3の仕掛が有効そうだったので，※4※5※6でαを固め，次にβでない複数の事実（※7）を確認する質問をしています。このケースでは※7の事実の概要は予め分かっており，否定すれば嘘になるので，たたみかけるような確認の質問が活きています[*18]。以上が，第2パターンの弾劾の骨子ですが，そのほかにも様々な視点があります。

【ありがちな例】※1は「ストレートに聞かない」違反です。また，※2のように，「○○だったら～すればよかったのではないですか」と聞きたくなりますが，よけいに弁解の機会を与えてしまっています。ありがちな例です（→§60，§120でも現れています）。

【工夫例】被告に無理矢理性交された，というのは原告の主張であるところから，※3で「あなたは～とおっしゃいますが」と表現し，強制性交があったことを客観的事実にしない言い方にしています。これにより回答者は反発を感じ，「強制された」ことを言いたい方向になるでしょう。

※4は質問者の認識は真実と異なりますが，回答者にとっての「誘い水」（強く迫られた）を出してます。いわば「偽りの共感」を示すスキルで，回答者の主張に沿う方向の発問をしてその方向に誘導しています。これに「は

*18　シナリオは分かりやすくするため簡略にしている。実際の刑事事件であれば，二つの点で更に時間を使った尋問をするだろう。
(i)　αの部分を更に具体的に：強く迫り，いかなる姿勢で，位置関係は，下着は……。
(ii)　βの部分を更に具体的に：助けを求める声，傷になりやすい部分，その後の具体的な行動……

い」と答えたことにより，※５※６の質問を肯定する流れになっています。誘導により，いわば「砂上の楼閣」が大きくなっているのです。

※７の４つの質問により，争えない客観的事実群と対面せざるを得ないことになっています。４つの質問の語尾「か」「ね」について→§44参照。

【ストレートに聞かない】【反発を利用した誘導】【「誘い水」を出す】【砂上の楼閣を太らせる】【偽りの共感】

§15　伏線の張り方――γ［経験則・条件］の逃げ道を塞ぐ　ケース4

§５で示したγは，経験則や，そのケースでβが妥当する「条件」を指します。証言者にβでないことを突きつけたところ「でも，その経験則・条件が当てはまらない特別の事情があったのです」などと言い訳することを想定して，伏線として，その逃げ道を塞いでおくか，嘘をついて逃げたら矛盾が生じることを示す準備をしておきます。このうち後者の例を示します。

ケース4

証人Ａは，契約書の案文を，自宅のプリンターで印字して作成したが，その際，「用紙がなかったので，既に印字がある用紙に重ねて印字して後に余計な文字を切除した」と陳述書で主張している。質問者はこの主張が虚偽であること（偽造したものであること）を明らかにしたい。

【ありがちな例】	【工夫例】
Ｑ：あなたは，プリンターで印字しようとした際に，用紙がなかったので既に使われた用紙に印字したと証言しましたね。	Ｑ：あなたは，自宅のプリンターで印字しようとした際に，用紙がなかったので使用済みの用紙に印字したと証言されましたね。
Ａ：はい。	Ａ：はい。
Ｑ：用紙がなければ買ってくればいいと思いますが，考えなかったのですか。※1	Ｑ：ご自宅の近くでコピー用紙を売ってる店はありませんでしたか。※2

A：特に，そこまでは考えませんでした。※1’	A：……すぐ近くにはありません。※2’ Q：問題の契約書は，３億円の財産にかかる重要な契約書でしたね。※3 A：はい。 Q：コピー用紙を売ってる店に買いに行くことは全く思いつかなかったのですか。※4 A：すぐ近くに売ってる店はないので，わざわざ遠くまで出掛けるよりはすぐ印字しようと考えたんです。※4’ Q：あなたの自宅と○○駅の間にある，自宅から300メートル離れた場所にあるコンビニ△△にはコピー用紙を売っていましたね。※5 A：まあ，そうでしょうけど……。

この例の「３点セット」は次のとおりです。α＝印刷する用紙がないというのであれば，γ＝近くに店があれば普通は買いに行こうと考えるもの，だからβ＝用紙を買いに行ったはず，ところがβでない＝買いに行っていない。

このケースでは，γの条件について，※２’※４’のように「でも近くにコピー用紙を売っている店はないんです」（だから本件ではγが成り立たない）という言い訳をする可能性がありました。そこで，この言い訳を潰すための準備を考えます。本件では，γについての嘘を言って逃げたらその嘘を弾劾できる証拠を用意しておき，その事実をぶつける質問をしています（※5）。

【ありがちな例】※１では，何も準備しないで「意見をぶつける」質問をして，曖昧な成果に終わっています。

【工夫例】では，反対尋問実施前に，Ａの自宅近辺で用紙を販売している店の所在を調査しておきました。そして※２’※４’で「すぐ近くに売っている店はない」との回答が得られたので，弾劾事実を突きつける※５の質問をしています。これに対し，回答がNo（否定か曖昧な回答）なら用意した弾劾証拠を示すことになり，Yesなら前言と矛盾する事実を認めることになり，いずれにしてもＡ証言の信用性に対する有効打になります。

なお，※３はγ（経験則）を強化する質問，※４は，「βしていない」を更に強めて「βすることを思いつくことさえなかった」のかという形で提示しているものです。

なお，【ありがちな例】でも準備をしている場合は，※１’の答えに対して※２「近くに用紙を売っている店はありませんでしたか」と問うて【工夫例】と同様の弾劾に至ることは可能です。

弾劾証拠としては，当該行為があった時点において近くで用紙を販売していた事実が必要ですから，この時点の要素を含めて聴取した内容を記録化して，書証として提出できるように準備しておきます。この調査に当たっては，コンビニのフランチャイザー本部に対して調査協力を打診した上で，弁護士会照会により証拠化する等の準備が必要になるでしょう。

【準備が全てを決める】

(3) 「ネタ」の探し方――何を準備するのか

§16　反対尋問の「タマ，ネタ」になるものを探す

反対尋問の「タマ，ネタ」になるのは，第１パターンでは相手方の主張や供述と矛盾する客観的証拠「乙」であり（→§10），第２パターンでは相手方主張に「何か」を加えれば３点セットが完成する事実ですが，多くの場合「βでないこと」です。

第２パターンでは，普通あるはずのβがないときに，その「ないこと」を突きつけて調書に残すことが多いといってよいでしょう。例えば，§68では，α「借用証は形だけ」というならば通常はβ「なぜ事実に反する借用証

を作らなければならないのか理由を聞く」はずである，ところが証人は聞いていないことを効果的に顕出しようとしたケースです（その他の例：§14，§51，§53など）。

その他，第2パターンではネタがγ（の要素）ということもあります。§15はβでないことを示したところ（いったん3点セットが完成），γについて回答者が虚偽を述べた場合に（3点セットのうちγが成立しない例外的事情がある），その嘘を弾劾する（3点セットが再び完成），という形でγの要素がタマになった例です。

これら弾劾に必要になるネタを用意するため，第1パターン，第2パターンを通じて〈相手の主張書面～陳述書～相手方の主尋問〉を通じて出てくる相手方主張事実を検討して探すことになります（反対尋問の準備手順→§25）。それを発見するには，相手方が，意図的に取り繕ったか（→§113Column参照），あるいは無意識に弱い部分を自認するような部分を探すとよいでしょう。第2パターンでいえば，相手方主張事実を事前に読み込み，相手方のストーリーを追体験するなどして，α「証人がこう答えたら」→βでない＝3点セットが現れるようなポイントを仮想して，必要となる証拠の収集に努めます。そして，具体的な尋問事項の作成は本書を通じて把握してください。

3 反対尋問の基本的なルール

(1) 反対尋問で聞けること・できないこと

§17 反対尋問できる事項

反対尋問を行うことができる事項は,「主尋問に現れた事項,これに関連する事項,証言の信用性に関する事項」(訴規114Ⅰ②)ですから,これを逸脱すると質問が制限(→§35)されることもあります。だから,当方も主尋問の申請をして「双方申請」とすることも多いのです。

当方が主尋問の申請をしないケースで,相手方の主尋問との関連性が薄い事柄の尋問をする必要が生じることもあります。異議が出されることもあるかもしれませんが(「関連性」の異議→§36),その場合,反対尋問を行うことが相当であれば制限されるべきではないのですから(訴規114Ⅱ参照),不意打ちとならず,真実の発見のために適当である(関連性があって相当である)ことを主張すべきでしょう。

その他,反対尋問の内容次第では,異議が問題となります。異議事由としてまとめておさえておきましょう(異議事由→§36)。

§18 誘導及び誤導質問

誘導質問(訴規115Ⅱ②)とは,質問者の期待する答えを暗示する質問形式とされます*[19]。クローズドな質問のうちで(質問全般について→§44),「あなたは○○をしたのですね」「そのときにBに話しかけませんでしたか」のように形式自体から答えの方向が暗示されている質問,及び,「そのときにBに話しかけましたか」のように形式だけでは誘導にならないものの,声のトーンなどによっては答えを暗示するもので誘導質問に該当すると考えられる質問があります*[20]。

【誘導質問にも種類がある】

(i) 形式から誘導質問になるもの

---

*19 加藤編「民事尋問技術」147p参照。

*20 岸盛一＝横川敏雄『新版事実審理』(有斐閣,1983) 114p参照。

「甲２号証・領収証にある印影はあなたの実印による印影ですね」（確認を求める語尾「ね」→§44）

(ii)　形式は誘導でないが質問者が誘導する意図（方向性）を持つ質問

「名人は毎日採りに行かれるんですか」→§86のケース。ほかに§100など。

誘導質問は，原則禁止とされ，正当な理由がある場合は許容されます（訴規115Ⅱ但書［正当な理由がある場合］→§37参照）。このように訴訟規則上の規範的な意味があり，形式や声のトーン等だけでなく，結局は文脈により定まるものと解されるべきでしょう。

誘導質問は，主尋問においては，本来は原則許されないと考えられていますが，前提や背景事実などは尋問時間節約の見地から合理性があり，実務上かなりの程度許容されています（§37参照）。

なお，「再主尋問」も主尋問ですから，原則誘導質問はできないことに注意してください（誘導質問にならないような工夫例→§128）。しかし，再主尋問でも異議が出なければ結果的にできてしまいます。実務ではうるさく制限されないことが多く，あえて試みることもあります（→§130）。

そして，本書のテーマである反対尋問においては，質問者と証人との間に敵対関係があり，誘導により証言が不当に歪曲されるおそれは類型的に低いため，正当な理由があるものと考えられ，誘導質問は許容されています（民事では明文はないが刑訴規199の４Ⅲ参照）。むしろ，反対尋問においては，誘導質問が原則であり，実践上の原理は次のとおり刑事の反対尋問と共通しています。

【反対尋問の実践的原則】

1　誘導質問が鉄則*21，意図を持って誘導せよ

2　オープン質問（→§45）をするな，答えの予測できない質問はしない（§109参照）

3　反対尋問の主役は質問者。回答者の記憶を探って真相に迫る場ではなく，質問者の意図する事柄を回答者の「口により」承認させる場

*21　日本弁護士連合会「法廷弁護技術」135p［高野隆執筆部分］は，刑事事件の証人尋問についての説明として，反対尋問では，原則として誘導尋問しかしてはいけないと指摘し，同書140p［秋田真志執筆部分］では，ひたすら誘導せよとしている。

と心得よう

次に「誤導質問」とは，「殴った」という供述をしていないのに「被告が原告を殴ったときにAがそこに居ましたか」，というように，証人が供述していない事実や誤った事実を仮定して質問の前提としたものです[*22]。誤導質問は，そのカテゴリーとしていかなる場合においても許されないものとされます（→§19，§50参照）が，反対尋問において，許される誘導質問と許されない誤導質問の境界は微妙なことがあり（例→§74，§114），代理人として工夫の余地があります[*23]。

§19　誤導質問の例〈安心して契約した〉ケース5

誤導質問の例を示します（このほかにも→§123）。

証人は「S社の経営状況が良好であると安心して同社と契約した」と供述しているが，他方で，「契約後，S社の経営状況についてW氏に再度尋ねた」という供述をしている。原告代理人は，このような証人の矛盾挙動を明示しようとしている。

【ありがちな例】	【工夫例】
Q：今のようなやりとりがあったので，あなたはS社の経営状況について安心して，S社と契約をしたのですね。	
A：確かに，契約をすることはしました。	（ここまで同左）
Q：それなのに，あなたは，契約後の○年○月になって，「S社の経営状況は大丈夫か」とW氏に再度尋ねたというのですか。※1	Q：確認しますが，先ほどのやりとりがあったのですから，契約をした際のあなたの認識としては，S社の経営状況について安心して契約できたので

*22　多種類の選択肢があり得るのに，二つのうちどちらかと問うような場合もある（「加藤編「民事尋問技術」150p参照）。

*23　この点，加藤新太郎編『民事事実認定と立証活動Ⅱ』（判例タイムズ社，2009）53p［須藤典明発言］なども参照のこと。

被告代理人：異議！　質問が不明確かつ誤導に当たります。証人は，「安心した」と認めたわけではないのに，今の質問は「安心した」ということを前提としています。 裁判官：確かに，問題がありますね。原告代理人は質問を変えてください。	しょうね。[※2] A：まあ，そうですね。 Q：あなたは，先ほどの主尋問において，契約後の○年○月になって，W氏に「S社の経営状況は大丈夫か」と尋ねた，と証言されましたか。 A：はい。 Q：安心していたのに，再度尋ねたのですね。 A：……まあ，念のためにって感じですかね。

【ありがちな例】※1は，被告代理人の指摘どおりであり，「それなのに」という質問は，強引に先の質問を認めたかのようにして質問を重ねています。このようになると，せっかくの反対尋問のネタを潰すことになりかねません。

そこで，【工夫例】※2では，「安心して」という用語を用いて問い，肯定的な回答を得たので，「安心していた」という点が，「前提としてよい事実」とすることができ，以下の質問が誤導にならないことになりました。このように，証人が流れから自然に認めること（否定し辛いこと）を確認する質問を先に置くことが肝要です。

(2)　反対尋問の手続

§20　尋問の申出の時期

人証の取調べは，争点整理終了後に，「集中証拠調べ」として行います（民訴182）。そこで，証拠申出や人証採否の決定（証拠決定）も争点整理終了最終の期日に行い[*24]，その次に口頭弁論期日としての尋問期日を入れることが通常です。

人証の採否を決める際に，尋問の順序と予定時間を決めます。尋問の順序

*24　証拠申出はできるかぎり一括して行う（訴規100）。ただ，「できるかぎり」であるから，例えば，証拠調べを行った結果，新たな事実や争点が現れて，真に更なる証拠調べの必要性が生じたような場合には，あらためて証拠調べの申出を行う（裁判所は認めたがらないことが多いとは思われる）。

は，主尋問→反対尋問→再主尋問→補充尋問の順で行われ（民訴202Ⅰ，訴規113，いわゆる「交互尋問」→§124以下），裁判長は民訴202Ⅰの順序での補充尋問のほか，いつでも必要があるときは尋問をなし（訴規113Ⅲ，いわゆる「介入尋問」），また当事者は上記以外の場面でも裁判長の許可を得て（訴規113Ⅱ）尋問をすることができます[*25]。

§21　尋問の申出の方法

証拠申出書の例を示しておきます。

【証拠申出書の例】

令和○○年（ワ）第○○○号　損害賠償請求事件
原　　告　　　△△△△
被　　告　　　××××
証　拠　申　出　書

令和５年○月○○日

○○地方裁判所民事第○部○係　御中

被告訴訟代理人弁護士
京野哲也　㊞

１　人証の表示
（１）〒・・・　東京都○○区○○……
　　株式会社○○内　○○営業部※
　　証　人　　　○○○○（同行・主尋問分50分）※※
（２）〒・・・　神奈川県○○市○○６－５－24－403
　　被告本人　　××××（主尋問分20分）
（３）〒・・・　千葉県○○市○○３－２－31
　　原告本人　　△△△△（主尋問分20分及び反対尋問分30分程度）
２　立証趣旨
①　証人○○は，株式会社○○において，原告の上司として……者である。……。
　以上のような関係があることから，証人の経験から，原告の主

*25　専門委員が直接質問する場面もあり得る（民訴92の２Ⅲ。ただし，当事者の同意が必要）。

張のうち，原告が職場において……こと，……こと等が，原告の主観的な主張にすぎず，そのような事実があったとはいえないことを明らかにする。

② 被告本人××××は，原告から，訴状記載の……本件訴訟を提起されている者であるが，そのような事実がないことを証する。

③ 原告本人△△△△については，その主張及び供述の信用性について弾劾するための質問を用意し，またその陳述内容に対し反対尋問を行い，もって，被告らに責任のないことを証する。

3　尋問事項

別紙尋問事項書記載のとおり

※　個人の住所でなく，このような会社住所での記載も許されます（証人のプライバシー保護の観点から配慮すべきです）。

※※　当方側の証人については「同行」と記載して呼出手続を省略することが可能。もちろん，その場合，出頭確保に留意しなければなりません（訴規109。尋問期日が近づいたら代理人から改めて確認をしておく等します）。

（本項は京野「クロスレファレンス」§487による）

§22　尋問事項書

証拠申出書とともに，「尋問事項」を記載した尋問事項書を提出します[*26]。

尋　問　事　項　（○○○○）

「クロスレファレンス」§488から引用

1　証人の主な経歴及び職務の内容

2　証人と被告らの関係

3　証人が……となった経緯及びその期間

4　証人が，……間に経験した，原告の……等に関する事実

5　平成○○年○月○日に，被告が……した際に見聞した事実

……………………

12　その他，上記に関連する事項

（以下略）

*26　証拠申出書も尋問事項書も準備書面と同様の提出の仕方をする（証拠申出も民訴161Ⅱの攻撃防御方法の一種で，直送など準備書面の規定の準用があります（訴規99Ⅱ））。尋問事項書について，訴規107が「２通」とわざわざ規定しているのは，裁判所用に加えて証人に対する呼出状に添付するため。相手方当事者には直送する（同107Ⅲ）。

裁判所は，証拠申出書と尋問事項書の記載を合わせて，当該証人の採否を判断する資料とします。また，尋問の現場では，裁判官は尋問事項書を見ながら尋問を聞きますから，尋問事項の記載は重要です。一方で，相手方当事者は，提出されたこれらの書面を反対尋問準備資料とし，証人自身も，これら書面によりどのような内容の尋問を受けるかを予め知ることになります。尋問事項書のこのような機能から，できる限り個別的かつ具体的に記載しなければならないとされます（訴規107Ⅱ）。

このことは，相手方に準備を行う材料を提供することをも意味していますから，どこまで具体的に記載するか，悩ましいところです。

（本項は京野「クロスレファレンス」§488による）

（3）　反対尋問の準備

まず，反対尋問においては「準備が全て」といってよいくらい準備が重要です（→§73以下）。

§23　主張段階での準備――相手方の陳述書・主尋問との関係で

証拠決定以前の争点整理の段階で，「動かし難い事実」（→§3）や書証によって確実に証明される事実（堅い事実）を関連事実によって結びつけ，当方に有利な事実の全体像を裁判官に理解してもらう活動をしますが，相手も同様の活動をするのでせめぎ合いになります。

反対尋問は，相手方の事実主張を元にして準備していくので，相手方の〈準備書面→陳述書→主尋問〉と，当方の行う反対尋問の準備を具体例で説明します。例えば，相手方が原告で当方（被告）に対し，被告が保証したとして保証債務履行請求をしており，当方は保証契約を否認しているとします。

【相手方（原告）準備書面】

原告は，2022年２月３日，被告に対し保証意思確認の措置を講じたが，被告は特段異議を唱えなかった。

【相手方陳述書】	【相手方主尋問での質問例】
私は，被告が本件について保証することになったので，2022年2月3日，意思確認のために被告の自宅を訪問しました。しかし，不在だったので，名刺にその旨を書き，封筒に入れて郵便受けに入れておきました。 今になって，被告が，そのような事実がなかったなどと主張しているとのことですが，郵便受けを開ければ当然気付くはずで，気付かなかったなどという言い訳が通るはずがありません。	Q：2022年2月3日に被告の保証意思確認のため自宅を訪問したのですね。 Q：不在だったということですが，呼び鈴を何回か押したのでしょうか。 Q：門の呼び鈴ですか，玄関のドアの呼び鈴ですか。 Q：名刺に書いたという内容をできるだけ思い出して言ってくださいますか。 Q：名刺を入れたという封筒の大きさや色を覚えていますか。 Q：郵便受けはどんな郵便受けでしたか。

陳述書には一応，具体的な事実が書いてありますが，主尋問では一層具体的な事実が顕れることになります。「事実」は，その具体性に程度があり，準備書面のレベルを「第１階」の間接事実とすれば，陳述書が「第２階」，そして「第３階」として，尋問により法廷に顕出される具体的事実があります。例えば「了解を得た」は第１階で，より具体的な交渉のやりとりが２，３階の事実になります。

この例だと，呼び鈴を押したことや名刺に書いた内容，それを入れた封筒の形状，それを入れた郵便受けの形状など，３階に当たる深い迫真性を伴う具体的事実[*27]は，主尋問で初めて顕れており，陳述書でなく「主尋問に譲った」例になります。このほかにも，天候や，周りの状況として例えば人通りが少なかったかどうかなどの事実が，証言の信用性に関係する場合があります。

*27　圓道「企業法務のための」298pの「一歩踏み込んだ事実」に当たる。

陳述書しか読んでいない反対尋問側は，法廷で初めて出されたこれらの事実について，その場で「本当ですか」と反論することは困難です。その事項を反対尋問においてオープンに聞くことは，時間の無駄であるばかりでなく，有効な反対尋問ができないことが多くなります。反対尋問の機会を経て，争われなかった事実や結局覆されなかった事実は，事実認定に「使える事実」になりますから，これら迫真性ある「事実」は事実認定に使われることになります（これらの点→§124も参照）。

そうだとすると，主尋問を行う側は，陳述書までは具体的事実を隠しておき，主尋問で初めて顕出するという戦略――いわば「事実のレベル操作」――を行うことも可能です。他方，裁判官に当方のストーリーを把握してもらうためには，先に（陳述書までで）適度に顕出しておかないといけません。主尋問側は，このバランスを考えて，レベルをチューニングすることになります[*28]。なお，主尋問の時間はそれほど長くないことから[*29]，主尋問に回す事実はポイントとなる場面に限られるでしょう。

一方，反対尋問側は，原告が被告方を訪れた事実を否認していますが，具体的事実の主張があればその矛盾を突く証拠を探すことができることから，反対尋問により相手方主張の信用性を攻撃する準備として，陳述書に顕れたもの以上に深い事実を，反対尋問前の段階で相手方に明らかにさせる必要があります。そこで，主尋問側に対する「求釈明」申立てを意識します（次項§24参照）。反対尋問実施の直前に気付いた場合は，もはや相手方に聞くことはできません。そこで，次項のように準備をして，必要な事実を相手方に語らせておくように努める必要があります。また，探索的な質問を試みる場面については→§112参照。

§24　事前準備の例

以下§23の事例で検討します。

(1)　争点整理の段階で：準備書面中で求釈明申立てをしておく（例→§49，京野「クロスレファレンス」§402）。また，当事者照会が有効な場合もあります（→京野「クロスレファレンス」§101）[*30]。

---

*28　中村「民事尋問戦略」80p，210pに，反対尋問側が「そんなこと陳述書に書いてないじゃないか」と抗議したくなる状況があること，ただこの抗議を「異議」に位置づけることが難しいこと，このような抗議を生むような主尋問側の戦略がよいか微妙であることなど機微にわたる説明があり一読を勧めたい。

*29　筆者は，尋問時間を決める期日（証拠決定）において，反対尋問の時間を確保するために，「自分の主尋問の時間を削るから反対尋問を長く予定してほしい」などと裁判官に交渉をすることがある。

例：「原告は，2022年２月３日被告方を訪れたところ被告が不在だったと主張するが，どのような方法で，不在であることを確認したというのか，具体的状況を明らかにされたい」

(2)　反対尋問の準備段階で：例えば，もし，「主尋問まで」の段階で，郵便受けの状況について具体的事実を話さなかった場合，（実際には訪れておらず抽象的な作り話の可能性があるので）反対尋問で次のような問いが功を奏する可能性があります。

・あなた（原告）は，先ほどの主尋問で，2022年２月３日に被告方を訪れた，と証言なさいましたね。
・その際，名刺を入れた封筒を，郵便受けに入れて帰った，とおっしゃいましたね。
・そのときの状況を具体的に証言なさいましたが，今でも記憶は確かなのですね（ここまで全てYesになるはず)。
・その郵便受けは，具体的にどこに設置してありましたか？。
※もし，ここで，「普通の……です」などと，動揺を示すようだったら，更に「普通のでは分かりません，具体的な設置場所はどこでしたか？」などと突っ込んでみる可能性があります。

このような反対尋問を行うことを思いついた場合，準備として現地の状況を確認しておきます。もし，特別な場所に設置されていたり，特殊な形状だったら，その写真を用意して，反対尋問において弾劾できる機会を待ちます(2022年時点と変更ないことを陳述書などで補充する用意も。反対尋問する必要がなかったら，無駄骨になりますが，それはそれでよいのです)。

§25　反対尋問の準備は陳述書作成に先行する

反対尋問に使う事実（中でも弾劾のネタ→§16)，より具体的にいうと反対尋問の質問に含まれる事実（反対尋問の前提事実）は，相手の主張する事実であるか，当方の陳述書・当方人証の供述に顕れている必要があります(後者は顕したからといって無制限に使える事実になるわけではありません

*30　当事者照会のメリット＝期日を待たないで，「準備のため，期日までに回答していただきたい」のように自分のペースで期限を設定しやすい。裁判官は求釈明の多用を嫌がる傾向もある。当事者照会は，もちろん，応ずる義務はないがそのやりとりを書証として提出するので，弁論の全趣旨に影響し得るから，相手方も考慮せざるを得なくなる。

が)。正面からの規定はありませんが，誤導質問（→§18）に当たる場面を少なくするため，また当方の質問に対し相手が否定しなければ，反対尋問の応答を通じて間接事実を提示することができることから重要です（反対尋問の目的§３の③→§７。少なくとも判決の認定に使う事実としては，後に準備書面で主張しただけでは足りません→§２)。

そこで，反対尋問の準備は，まず争点整理の段階から，反対尋問に使う可能性のある事実をあれこれ想定して相手方に事実を語らせる（→§23）ことと並行してその証拠を探します（次項→§26)。次に当方人証の陳述書作成の段階では，反対尋問の質問で前提として必要となりそうな事実を想定して陳述書に盛り込んでおきます。陳述書に続いて具体的な反対尋問のストーリーを作り，主尋問での発問メモを準備していきます。その後，いよいよ，反対尋問のための具体的な発問メモを作ります（その間に相手方提出の陳述書を元にして更に手入れすることになります)。

反対尋問の準備１（=反対尋問に使う可能性のある事実をあれこれ想定し証拠を探す)
→陳述書作成（当方人証)
→反対尋問の準備２（=反対尋問ストーリーを作成)
→主尋問の準備（当方人証)（→§125)
→反対尋問の準備３（=具体的な発問メモを作成)

このように，争点整理の段階から反対尋問の準備は始まっています。更に，多くの事案では訴訟になる前から，やや漠然としたレベルですが，反対尋問する際の有力な「ネタ」はないか，と意識しているものです。

§26　事前調査

事前の徹底的な事実（証拠）の収集が成功・失敗を分けるポイントです。

前項§25の「反対尋問の準備１」の段階で，相手方の主張や想定される証言に対する攻撃材料を得るため，相手方主張や，尋問が近づいてから陳述書に記載されている事実について，〈もしかしたらこの・その記載や主張には嘘が含まれるのではないか〉という視点で，反対尋問事項を考えながら，事実を調べます（ウラをとってみる)[*31]。

---

*31　ウラをとってみると，相手方主張のうち固い事実の部分が分かることも有益な情報である。反対尋問の対象が絞られていく。

また，記録を読み込み，双方の主張に沿って事実経過を時系列表に整理し，提出されている書証をその中にはめ込んでみます。この作業は無駄足に終わることが多くとも，何らかの材料は得られ，ときに相手方の主張と相手方提出証拠との自己矛盾など，有効な反対尋問の材料がみつかります。また，例えば，相手方や関係者の職歴や過去に行ったことのエピソードなども調査の視点として重要です*32。

事前に調べていないことは，相手方がどのような回答をするか予測がつかないので，リスク覚悟で聞くか，聞くことを断念することになります。

具体例は，索引（【準備が全てを決める】）からアクセスしてください。

§27 証人の選定

当方側証人について選択の幅がある場合には，反対尋問に対する適性を考えて，吟味する必要があります。例えば，断定的に物を言いやすい人や，滔々と自分を正当化して話すタイプの人，また義務感の強すぎる人，過度に規則にこだわるような人は，得てして容易に反対尋問で崩れるものです（→§126，京野「クロスレファレンス」§506以下，§535参照）。

§28 尋問事項メモ作成——法廷で慌てないための準備

尋問事項書を前提に（→§22），更に，自分が現場で使うための，より具体的な尋問事項メモ（以下「尋問メモ」）を作ります。

証人尋問とりわけ反対尋問を行う前に，弁護士自身が事案を把握し，問題点を発見し，かつ，尋問の現場で重要な事実の確認ができるような手控え類——自分用のツール——を各自工夫して用意します。尋問メモの作り方は人により違いますが，筆者の場合は，自分の質問（発語）を一言一句書いてみて，それを読んで推敲を繰り返し作成するものです。具体的には各ケースの【工夫例】の発問そのものです。要点メモではありません。

尋問メモ，「時系列表」，「関係図」などを，法廷の「現場で見る」ことを前提に，自分にとって分かりやすいものを用意します。法廷の現場で見るた

---

*32 筆者の被告代理人としての経験であるが，原告は被告社員を接待し，被告社員と通じて被告会社の内規に反する処理をさせたという間接事実（接待のエピソード）をさりげなく主張していた。そこで，接待したという店に行ってみると，その名称や立地から受ける印象と全く違って「安酒場」であった。接待した事実はごく間接的な事実であったが，放置すれば，「料亭で接待漬け」という印象が裁判官の脳裏に「サブリミナル」に残りかねない，巧妙な準備書面の文章であった（京野「クロスレファレンス」§503から引用）。

めには，複雑なものや枚数が多くなるものは役に立ちません。重要な日付や場所，証拠番号などは一枚の表か図に書いてしまう方が役に立ちます。ベテランは，作っているうちに頭に入ってしまい，実際には見ないで済むことも多いのですが，それくらいの準備をすることが成功の必要条件といえるでしょう。

このように自分用の尋問メモを作りますが，どう答えるか分からない重要な分岐点があるときは，何とおりものサブシナリオ（予備的な尋問事項）を作っておきます。あらゆる回答を想定した準備がないと，想定外の回答があったとき，往々にして頭が真っ白になって尋問を続けられなくなるものです(この点「意外な回答が出てきた」→§104も参照)。

§29　法廷でモノは探せない

尋問の現場では，よく書類や記載場所が見当たらなくなります（主尋問のときでさえ)。現場で探している暇はないですし，探すと焦ります。現場では，記録を探してもまず無理ということを知っておきましょう（頭が真っ白になると具体的な数字や陳述書の言い回しがどうだったか自信がなくなり，せっかく用意した尋問事項をパスしてしまうことさえあります)。

そこで，尋問の現場では，「尋問メモ」しか見る機会がないと覚悟しておきます。そのため，尋問メモには　①日付，②数字，③示す予定の陳述書・書証等のページ，そして④何行目かまでも（その例→§93【工夫例】※4の質問)，更に⑤キーワードをメモに書いておくとよいでしょう。

さらに，重要な事柄は，その微細な「言い回し」まで「尋問メモ」に具体的に書いておきましょう。言い回しが少しでも違っていると，例えば，次のようになりかねません。

Q：そして，その翌日にあなたは○○に通告したんですね。
A：私は通告なんてしてませんよ。
Q：あなた自身の陳述書でそう書いてるでしょう。
A：いいえ。
Q：あなたは弁護士さんに事実を話して陳述書を作成したんじゃないで

すか。
A：そうですよ。
Q：だったら陳述書にそう書いてるでしょう。
A：そうですか？ 陳述書のどこに「通告」と書いてますか。
Q：ええっと……（なかなか見つからない)。あ……「通知」と書いてありますね。
A：通知ならしてますよ。
Q：(苦笑) 同じことじゃないですか。
A：法廷では，きちんと質問の言葉を聞いて答えるようにと指導されました。正確にお答えしようと思ったんです。最初から通知と言ってくだされば。

これでは貴重な時間を浪費した上，尋問の主導権を取り戻すのに更に時間がかかることになってしまいます。

§30 反対尋問当日の準備

尋問を開始する前に，書記官に，次の書類を「裁判官の数＋書記官」分だけ渡しておくとよいでしょう（→§41書記官からの「要望事項」参照)。

㋐ 尋問事項書（→§22)
㋑ 証人に示すべき書証や図面の写し（事案によります)
㋒ 証言中に出てくる固有名詞・方言・外国語・専門用語などを記載した書面

また，大きさ，長さ等が問題となる場合は，メジャーを用意しておきましょう（→§42参照)。

4 「モノ」の示し方／弾劾証拠の出し方

§31 証人尋問における，書面や物の利用*33

主尋問・反対尋問を問わず，証人は，口頭陳述が原則で書類に基づいて陳述することは，原則できず（民訴203），裁判長の許可があれば可能とされます（同但書)。それゆえ，証人と事前打ち合わせをする際には「メモを見ながら答えることはできませんよ」と注意喚起をしておく必要があります。

質問に当たって，文書，図面，写真，模型等などを示して質問することもよくありますが，法令上は，これにも裁判長の許可が必要です（訴規116Ⅰ)。ただ，既に取調べ済みの書証については「甲○号証・○月○日付借用証を示します」などと言い（→§41)，特に裁判官の許可も待たずに自然に示しており，「記憶喚起のために示します」など理由も一々述べないことが通常です（→§37に引用の刑訴規199の３Ⅲ③参照)。

書証のある部分を示して質問する場合，「○行目」まで明確に発問します(例→§93)。

相手方代理人が書証を示すときは，正しい書面が示されているか，示された書面に不適当なメモはないか等をチェックするため，自分も証言台のところに行って注意して見ます。また相手方代理人が当方証人の近くに来るとき(書証を示すときなど)，当方もサポートのために立って近くに行きます。書証を広げ放しの場合には，撤去するように裁判官に注意を促すこともあります（この点，圓道「企業法務のための」328p参照)。

書証として未提出の文書（例えば，見取り図を示し「あなたがそれを見た場所を示してください」と聞きその場所に「A」と書き込む）を示した場合には，調書末尾にその文書を添付することが通常です（訴規116Ⅲ参照）が，後に書証として提出することもあります。

*33 刑事手続における尋問に際しての問題点は，「証人尋問における書面や物の利用」日本弁護士連合会「法廷弁護技術」171p以下［高野隆執筆部分］参照。

――「後出の書証」と「末尾添付書面」の違い

図面は末尾添付に適するように思われます（調書として一体の方が後で読みやすい）。一方で代理人が作成した文字の比較表や写真を書証にした書面などは（例→§84），後出の書証として提出することが適しているでしょう。書証の作成者や作成年月日，立証趣旨を明確にして訴訟記録に残す方がよいからです。

ただし，すぐ後に説明する弾劾証拠以外の書証は，後出でなく尋問の相当期間前までに提出しなければなりません（訴規102）。

§32　弾劾証拠の示し方

上記の提出時期について，弾劾証拠（主張事実を立証する目的でなく，証拠の証明力を減殺することを目的とする証拠）[*34]については，異なる考慮がなされます。反対尋問における弾劾証拠は，証人の供述の信用性を減殺するためのものなので，当然，事前に証人に見せるべきではありません（言い訳の準備をする時間を与えることになるから）。そこで，「証人等の陳述の信用性を争うための証拠」として用いる証拠（弾劾証拠）については，例外的に，相手方への事前開示が不要とされています（訴規102参照）。しかし，この場合でも，質問の前に相手方に閲覧の機会を与えなければならず（同116Ⅱ），また仮に弾劾証拠の意義がないものを後に提出しようとする場合は，裁判長により制限されることもあります（同116Ⅰ）。また，本来提出すべき時期の後に提出するので（そこで「後出（コウシュツ）」ともいわれる），主張事実を立証する目的に使用することに問題があります（時機に後れた攻撃防御方法になり得る→次のColumn参照）。

弾劾証拠の具体的な出し方は，同証拠を示して質問をする前に裁判所と相手方に閲読させることになります（訴規116Ⅱ，以下，この手順を本書では「弾劾証拠手続」と略称します）。いきなり示そうとすると→§76のようになります。弾劾証拠を示す具体例は→§12，§73，§78，§81，§84，§85などを参照してください。

実務上は，弾劾証拠を示そうとした際，相手方代理人から「弾劾証拠には

---

*34　司法研修所「民事弁護における立証活動」191p参照。

当たらない」旨の異論が出る場合があります。また，尋問で用いる書証については事前開示が原則（訴規102）で，弾劾証拠はその例外ですので，裁判所としても，弾劾証拠としての採用には消極的な場合があります[*35]。更に，裁判長の訴訟指揮によっては時機に後れた攻撃防御方法として尋問で使用することを制限される可能性もあります[*36]。その場合は示すのではなく，読み上げて質問の内容とすることになります（例：「～には○○と書いてありますが，あなたが記載したものですね」）。

もっとも，反対尋問の実効性を高める上では，真に必要性が認められる場合は弾劾証拠としての摘示が認められるべきです[*37]。弾劾証拠を用いたい場合，当該証拠が証言の信用性を弾劾するために必要なもので，かつ，事件の結論に大きな影響を与え得るなど，説得的に論証できるよう用意をしておくべきです。最初から弾劾証拠を示す正当な理由を述べつつ提示すると効果的です（例：§84「客観的証拠に対し分からないとおっしゃるので」）。

Column　【弾劾証拠が事実認定にも役立つ場合の問題】[*38]

ある書証が弾劾証拠に当たるか否かは，立証趣旨により決まることになります。その書証を証言の信用性減殺のみに用いるのであれば弾劾証拠ですが，その書証記載内容が事実認定にも役立つ場合，どう扱われるかが問題となります。

弾劾証拠としての使用を許す場合には，その記載内容を事実認定の資料として使うことを許さないという考え方もあれば，そのような証拠はそもそも弾劾証拠としての使用を許さないという考え方もあり得ます。この点は，最終的には裁判長の判断次第ですが（しかも現場での判断になる），代理人としては，弾劾証拠としての適格性を検討の上で，それを現場で説得的に説明できるように準備しておくべきでしょう。

§33　原本の持参

書証を示して尋問する際，原本として提出された証拠は原本を示すことが原則です。特に反対尋問において，書証の成立に関して弾劾しようとする際

---

*35　門口「民事証拠法大系４巻」61p。

*36　中村「民事尋問戦略」188p参照。

*37　加藤編「民事尋問技術」141pは「決定的な弾劾証拠として用いられる場合」は許容される，としている。使用に適するか微妙なケースとして§48参照。

*38　パネルディスカッション「民事裁判における効果的な人証尋問」LIBRA2011年７月号17p以下も参照。

には原本を示すことの重要性は大きいといえます。そのためには，相手方に証拠調べ期日に原本を持参させる必要がありますが，特別な規定はないので，事前に相手方代理人に原本を持参するよう，書面など証拠に残る形で注意喚起しておくとよいでしょう。相手方が本人訴訟の場合には，先立つ期日で注意喚起するか，期日間に書記官から連絡してもらうとよいでしょう。相手方があえて原本を用いることを妨げた場合には，原本を用意させた上で尋問の再実施を求める，訴訟追行上の信義誠実義務（民訴２参照）に反する証明妨害である旨を弁論の全趣旨として主張する，などの方法を検討します。

§34　図面等の準備

尋問は，行えばそれでおしまい，というものではなく，尋問内容が裁判所によって調書化され，以後の主張，判決は当該調書を前提になされます。したがって，尋問内容を正確に調書化してもらうことが極めて重要であるところ，調書を作成するのは基本的に書記官です。したがって，書記官が正確に調書を作れるようにすることが大切です。例えば，証人に尋問中に示す予定の書証や専門用語等メモを，尋問に先立って交付しておく等の準備をするとよいでしょう（→§30）。

図画についても同様で，証人にのみ図画を示して，「A点，B点，C点，D点，A点を結ぶ線」などと質問しても書記官は理解できません。必ず証人に示すものと同じ図面を書記官にも交付しておきます（→§30）。

5 「異議」の攻防

§35　質問の制限の手続

訴規114Ⅰは，主尋問，反対尋問，再主尋問毎に尋問を行うべき範囲を定めており，これを逸脱する質問は，申立てにより又は裁判長の職権で制限することができます（同114Ⅱ）。本書のテーマである反対尋問との関係では，相手方証人に対して，相手方の主尋問の範囲を超える反対尋問を行うと制限されることになるので（同114Ⅰ），そのような必要性があると想定される場合には，当方も主尋問を行うために証拠申出しておくべきです（いわゆる「双方申請」→§17)。また，証人を侮辱し又は困惑させたりする質問は禁止されており，正当な理由がない場合には誘導質問等一定の質問をしてはならず（同115Ⅱ→§18)，裁判長は申立てにより又は職権でこれを制限できます（同115Ⅲ)。

実務上，「異議」と言って相手方代理人の質問を遮るのは，この訴規114Ⅱ又は同115Ⅲに基づく質問制限を裁判長が行うことを求めているものです(「質問制限の申立て」)。

代理人としては，尋問の現場で間髪を入れずに相手方の不当な質問を遮る必要があります。不適当な質問がなされた時点で，「異議！　証人を困惑させる質問です」などと，異議がある旨及びその理由を述べるものですが，実際上はまず「ちょっと今のは」のように発言して流れを止めてから理由を述べることも多いものです（→§123も参照)。

また，尋問順序，質問制限，文書等利用に関する裁判長の裁判に対しては異議を述べることができます（訴規117Ⅰ)。これは訴訟手続に関するものですので，遅滞なく異議を述べなければ異議権を失います（民訴90)。この異議に対しては，裁判所は直ちに決定で裁判をします（訴規117Ⅱ。決定なので相当な方法の告知――口頭――で足ります＝民訴119)。

以上について，図で整理すると以下のとおりです[*39]。

―尋問制限の手続―

問題ある質問→｛相手方制限申立て（実務上の異議）／裁判長の職権｝→｛制限命令→｛質問者が変更／質問者異議申立て｝／制限申立却下→相手方異義申立て｝→（質問者異議申立て・相手方異義申立て）裁判所決定により裁定

↑ 訴規114Ⅱ，115Ⅲ（相手方制限申立て・裁判長の職権）
↑ 訴規117Ⅰの異議（質問者異議申立て・相手方異義申立て）
↑ 訴規117Ⅱ（裁判所決定により裁定）

Column【裁判官の尋問であっても】

裁判官の介入尋問や補充尋問においても，前提となる時点を特定することなく発問がなされたり，事実を誤解して誤導的な発問がされたりす

*39　裁判所職員総合研修所監修『民事訴訟法講義案（三訂版)』(司法協会，2016）196pを参考に作成したもの（京野「クロスレファレンス」§490)。

る場合には，即座に異議を述べて発問の変更を促す等の措置を講ずるべきです。裁判官は，心証を採る上で欠けている点を補充すべく介入尋問や補充尋問を行うことも少なくなく，自らの発問に対して証人等が述べた内容については特に強い印象付けを受けるものです。証人としては「裁判官の尋問に対して必ず即答しなければならない」という思い込みもあるので，曖昧な発問や誤導的な発問に対し錯覚に陥った状態で，無防備な又は不適切な応答をしてしまう危険は軽視できません。

異議の述べ方としては，必ずしも「異議！」と言うのでなく，「すみません。今のご質問に対して，証人は違う時点のことを聞かれたと誤解して混乱している可能性がありますので，時点を特定して聞き直していただけますか」というような，意見を言うスタイルでよいでしょう。

京野「クロスレファレンス」§491から一部加筆修正して引用

§36　異議事由

相手方尋問に対して適時適切に異議を行うため，尋問当日は，訴規114や同115等及び刑事訴訟規則の規定をコピーしたものを手元に用意しておくとよいでしょう（実際は間髪容れず対応しなければならないので，見る暇はなく先に口を開くわけですが，手元に根拠があると自信をも持ってできます）。「異議」事由について本書でも以下のとおりまとめておきます（京野「クロスレファレンス」§518を元に編集）　。

【異議を述べる際の理由】[*40]

（訴規115Ⅰ＝「個別的，具体的」参照）

質問が抽象的

質問が長すぎる　例→§59

質問が複数になっており答えが困難　例→§69

（訴規115Ⅱ）

証人を侮辱・困惑させる（正当な理由の有無を問わない）

例→§76，§107，§110，§130

誘導質問である（含む，誤導質問→§19，§110，§123参照）

---

*40　加藤編「民事尋問技術」271p参照。同書を参考に，順序を変え，多少表現も変えている。

　　証人が認めていないことを前提とした質問である
　重複質問である
　争点と関連性なし（→§17参照）
　意見を求めるもの（→§39，§59，§90，§117参照）
　証人の経験していないこと（伝聞→§37），知り得ないことである
（その他）
　プライバシーに関しており証人を困惑させる（又は，争点に関連しない）[*41]例→§66
　時期，主体が特定されていない
　仮定の質問である→§62で説明。例→§63，§120

§37　異議を出された場合の対応

　相手方代理人からいわゆる「異議」を出されて，中断されたら，自らの流れを維持するか，方向を変える必要があります。（ⅰ）異議者に異議事由が何であるか言わせる，（ⅱ）異議事由に当たらないこと（正当な理由があること）を説明する，（ⅲ）問題の部分を除いて質問をやり直す，というような対応になるでしょうが，流れを重視し余計な時間を消費しないために（ⅲ）の対応をすることが多いと思われます（「議論しないで，質問の仕方を変えて聞きます」と言ったりします）。

――正当な理由――

　誘導，重複等の制限事由に当たっても正当な理由があるときは許容されます（訴規115Ⅱ但書）。「誘導」については下記の刑事訴訟規則を参照しますが，その他の制限事由についても，どのような正当化が可能か考えてみましょう。その例は以下のとおりです。
「重複」→「証人の前提に誤解があると見受けられるので確認のため」，「重要な事実であり，後の弾劾の前提として聞いています」（「関連性」とも共通）。
「意見を求める」→「経験事実に基づくその時の判断を確認するもの」。また，「客観的対象についての認識を問うもの」§117，切り返しの

*41　単に「プライバシー！」と言ってよいが，必要に応じて規則（訴規115Ⅱ）に即して説明できるようにしておく。

質問をする§90参照。
「経験していない（伝聞）」→「証人がそれを聞いたかどうか自体が意味を持つ」。

誘導質問に関しては，反対尋問の場合許されますが（→§18），それが主尋問においても許される場合について，刑事訴訟規則が参考になるので掲げておきます。

【刑事訴訟規則199の3】

3　主尋問においては，誘導尋問をしてはならない。ただし，次の場合には，誘導尋問をすることができる。

一　証人の身分，経歴，交友関係等で，実質的な尋問に入るに先だつて明らかにする必要のある準備的な事項に関するとき。（編注：「先だつて」は規則の原文が「つ」と書かれている）

二　訴訟関係人に争のないことが明らかな事項に関するとき。

三　証人の記憶が明らかでない事項についてその記憶を喚起するため必要があるとき。

四　証人が主尋問者に対して敵意又は反感を示すとき。

五　証人が証言を避けようとする事項に関するとき。

六　証人が前の供述と相反するか又は実質的に異なる供述をした場合において，その供述した事項に関するとき。

七　その他誘導尋問を必要とする特別の事情があるとき。

4　誘導尋問をするについては，書面の朗読その他証人の供述に不当な影響を及ぼすおそれのある方法を避けるように注意しなければならない。

Column【異議を出されたら，更に突っ込むことも考えよう】

自分が反対尋問をしている場合，相手方代理人から異議が出される場合があります。この場合，異議の内容にもよりますが，質問の仕方等が不適切でない限り，相手方から異議が出る質問というのは，相手方にとって追及されたくないポイント（当方としては攻撃できるポイント）を突いていることがしばしばあるように思います[*42]。

あくまでケースバイケースですが，相手方からの異議にこうした印象を持った場合，その周辺事項等についても掘り下げて質問すると，よい成果が出る場合もあるかもしれません。ただし，回答が想定できない質問は控えるのが反対尋問の基本です。こうした基本を意識しつつ，事案によりどこまでのリスクを取るか，を判断していくことになります。

§38　異議を出すべきか[*43]

相手方代理人の尋問が形式的に異議事由に当たるとして，常に異議を出すべきでしょうか。

例えば，実務では，主尋問なのにほぼ誘導質問，というような状況に出くわすこともないではありません。異議事由には当たりますが，「異議を出すことが，当方依頼者が勝訴する上で利益になるか」という視点から考えた場合，異議を出せばよいというものではありません。この例であれば，放置しておいても，主尋問なのにほぼ誘導されているという事実が調書に残りますので，通常，裁判所もこうした証言を重視しないでしょう。むしろ，異議を出した場合，その結果，証人に自分の言葉で具体的に話された方が不利益，ということもあり得ます。したがって，特に異議は出さないという判断をするでしょう。

別の視点として，やたらと異議を出すと，尋問を邪魔しているように見えて裁判所の印象がよくない，という面もあろうかと思います。

したがって，異議を出す場合は，こうしたことも考慮の上，当方に利益となる場合にポイントを絞って出す，ということがよいと思われます。

一方，当方証人に対する相手方の質問が，

- 当方証人を侮辱する，困惑させる等不適切である
- 誤導質問で当方証人が明らかに動揺しており，尋問の流れを止める必要がある

などの事情がある場合は，直ちに異議を出すことをためらってはいけないのは言うまでもありません。

---

*42　中村真弁護士のブログ（http://nakamuramakoto.blog112.fc2.com/blog-entry-160.html）にも，同趣旨の指摘がある。

*43　中村「民事尋問戦略」136p以下，203p以下参照。

§39　「意見」と異議

相手方証人Aが「自分が目撃した人物はSだった」と主張している場合に，当方としては反対尋問でこの点の弾劾をしたいケースを想定します。

A：私が見たのはSだと思います。
Q：今おっしゃったご意見が100％正しいと断言できますか。

このような質問をした場合，相手方代理人Rとしては異議を述べることが考えられます。

R：「異議！　誤導です。証人は自らの認識を証言しているので，意見ではありません」

異議を述べられた場合，平然と質問を繰り返してもよいでしょう。

Q：……「と思う」とおっしゃったから意見と言っただけです。では，質問し直します。あなたは，ご自身が見たのがSだったと断言できますか。

ただし，このような場面では，質問者Qが有利なポイントを稼げる可能性は高くないように感じられます。例えば，

A：はい。Sを見たのは昼間でしたし，距離も数メートル程度のところでしたので，Sに間違いありません。

このように証人が答えると，質問者にとってはやぶへびです。むしろ，最初のAに対して次のように対応して，深追いしないで切り上げた方がよいケースが多いでしょう（「思います」→§101参照)。

A：私が見たのはSだと思います。
Q：あなたのご認識は分かりましたが，時間の制約があるので，次の質問にいきます。あなたは……。

【深追いするな】

第 2 部

反対尋問の基本スキル

Ⅰ　スキルの前提となる基礎知識

(1)　裁判所にプレゼンテーション

§40　裁判所に対するプレゼンテーション

民事の尋問は，専ら裁判所に対するプレゼンテーションです（この点で刑事の裁判員裁判とは大きく異なります)。全ての訴訟活動は，究極的には裁判官を説得するために行っているものであり，尋問は，事実の争点に関して，裁判所に有利な心証を抱いてもらうためにあります。もちろん，依頼者に対して，頼もしい弁護士だということを示す必要はありますが，裁判官を説得する作業を真剣に行うことが，そのまま依頼者に対するアピールになると考えておきましょう。

したがって，尋問の際，裁判官が尋問内容を理解してくれているか，自分のしゃべり方が早すぎないか，遅すぎないか，自由な質問を許容する雰囲気か，それとも制限的かなど，常に裁判官の様子を「見る」ことが必要です。

また例えば，尋問において回答者に書証を示す場合，「甲○号証・本件売買契約書の○頁を示します」と言って示しますが（→§41)，裁判官は，質問者のこうした発言を聞いてから，記録の該当箇所を探すことになります。ですから，「間」を確保し，裁判官が当該箇所を見ていることを確認した上で質問をする，といった配慮をすることが重要です。

(2)　調書に残すスキル

§41　調書作成を意識したスキル

上級審に移審した場合や裁判官の交替があった場合，尋問を聞いていない裁判官が調書を読んで心証を形成することを想定して，尋問の結果が「調書にどう書かれるか」ということを意識した尋問をする必要があります。

裁判所職員総合研修所において，調書を作成する書記官の立場からまとめた，尋問者に対する要望事項（以下，「要望事項」）を意識しておきましょう（司法研修所「民事弁護における立証活動」210p以下に所収)。

具体的には，次の11項目です（要約)。

① 発言がそのまま文字化されることを念頭に置く。
② 尋問時間を守る。
③ マイクに向かい，立場と氏名を名乗ってから尋問する。
④ はっきり聞き取れるようにする（語尾を明瞭に発言する，紙をめくる音などがマイクに入らないようにする等）。
⑤ 同時発言にならないようにする。
⑥ 重要な証言は念を押す。→ただし，次頁§42（v）「念押しの功罪」参照。
⑦ 多くのことを一度に聞く質問や，長い表現の質問は避ける（→§67参照）。
⑧ 固有名詞が出たら漢字・スペルを聞く。
⑨ 方言が出たら理解しやすいように工夫をする。
⑩ 示す書証の証拠番号に加えて標目も発言する→例：§78，§117。行まで示す→§93。
⑪ 動作については言葉で表現して調書に残す（→§42)。

このほかにも，「あれ」「これ」などの指示語の多用を避け，対象を特定して発語することや，複数回の打ち合わせがあった場合にどの時点のことを指しているのかなどが調書上明確に読み取れるように意識します。

§42 「要望事項」を充たす工夫

この「要望事項」をよく充たすための工夫としては，以下（i）～（vi）があります。

(i) 尋問中に示す書証などの写し（特に図面）を，先立って書記官，速記官に予め交付する。特に，固有名詞などを記載した用紙を尋問前に渡しておくとよいです（→§30)。

(ii) 動作，形，距離，位置などを言葉に直して確認する。長さを「言葉で示す」例を示します（→§89も参照)。

Q：それはどれくらいの長さですか。
A：これくらいです（手を広げて示した)。

Q：これくらいという長さですが，今私がメジャーを当ててみます。大体何センチですか。

A：50センチくらいですかね。

※手元にメジャーを用意しておきましょう。

図面を用いて質問した場合には，示した位置などを図面上に記号により記し，調書末尾に添付します。

(iii) 供述態度（表情・動作）についても，それが意味を有する場合には，言語化して質問に入れ込みます（「挙動を言葉で残す」→§74，§93）。

A：…………

Q：Aさん，私の質問に対して，随分長い間沈黙されていますが，お答えいただけますか。

A：私が，なんでこんな目に合わなけりゃならんのだ。

Q：Aさん，そんなに怒った声をお出しにならないでください。あなたは○○と契約関係をお持ちの立場ですから伺っているので，今しばらくご辛抱ください。先ほどの質問を繰り返しますが……（後略）

うなずく場合にそれを言語化する場面は§93を参照してください。また，「沈黙」を言語化する場面では次項§43のほか，「私が質問してから10秒は経っていると思いますが，言葉が出ないようですので次の質問に移ります」とか「お答えがないので終わります」（→§12）のようにします（沈黙の処理）。

(iv) §41⑨で方言について言及がありますが，方言だけでなく，専門用語・固有名詞・外国語などが証言中に出てきた場合には，その表記方法（漢字等）や意味を適当な方法で調書に残しましょう（「○○とは△△の意味の方言ですね」と質問する等）。

(v) §41⑥で重要な事項は，調書に書かれるべき表現をもって，確認の念押しをすることとあります。有意義ですが，反対尋問の場合，念押しすることによって，まずいことを自覚した回答者が言い直しをしてしまうおそれがあり，このリスクとの兼ね合いで念押しするかどうかをその都度決定しなければなりません（→§64［念押しの功罪］）。重要なこと以外は，質問者が復唱することは意味がありません。

(vi) その他，調書に残す工夫例として（→§43，§84など）。また調書の訂正について（→§136）。

【挙動を言葉にして残す】

§43 〈行った，行かない〉ケース⑥

強調したいポイントを目立つ形で調書に残す例として，以下のようなケースを見てみましょう。

【ありがちな例】

Q：あなたは，○月○日にＳの家に行きましたか。

A：行く気はあったのだけど……。

Q：Ｓの家には行かず，Ｔの家に行ったのですよね。※1

A：Ｔが家にいると言うのでＴの家に行きましたが，Ｔはいい加減な奴で留守にしていたので……。

Q：Ｔが留守にしていることは聞いていなかったのですか。※2

（後略）

【ありがちな例】※１及び※２では，証人の回答の一部に触れずに次の質問を重ねてしまっているため，触れたかった点（Ｓの家に行っていないこと，証人がＴを「いい加減な奴」と評したこと）が目立たなくなっています。

こうした点が訴訟のポイントであれば，調書においてこれを強調できるような質問を考えるべきです。

例えば，以下のように工夫することが考えられます。

【工夫例】

Q：あなたは，○月○日にＳの家には行っていないのですよね。

A：行く気はあったのだけど……。

Q：質問に答えてください。○月○日，Ｓの家に行ったのか，行ってい

ないのか，「はい」か「いいえ」で答えてください。※3

A：……。

Q：沈黙されてご回答いただけないようなので，改めてお尋ねします。○月○日，Ｓの家に行ったのか，行っていないのか，どちらですか。※4

A：……行っていません。

Q：Ｓの家には行かず，Ｔの家に行ったのですよね。

A：Ｔが家にいると言うのでＴの家には行きましたが，Ｔはいい加減な奴で留守にしていたので……。

Q：いま「Ｔはいい加減な奴で」とのお答えがありましたが，Ｔが留守にしていることは聞いていなかったのですか。※5

（後略）

曖昧な答えをする回答者に対し，【工夫例】※３及び※４では，「はい」か「いいえ」（Yes or No）二者択一の答えを迫り，明確な回答を引き出しています（クローズドな質問→§44）。なお，実務においては，答えにくい質問に対し，証人が沈黙することがあります。沈黙の事実は調書には残らないため，それが尋問者にとって有利であれば，※４の「沈黙されてご回答いただけないようなので」などと言い，沈黙があった事実を調書に残すことが有効です（沈黙の処理→§42）。

※５は，証言内容を確認する体裁のもと，回答の一部を次の質問中の始めであえて繰り返すことにより（オウム返し），証人に言い直しの機会を与えずに調書上これを強調しています（この時，勝手に言葉を付け加えると相手方代理人から「誤導」などの異議が出るので注意しましょう）。

両例の各１行目「か」と「ね」の違いについて→§44。

【二者択一を迫る】【沈黙の処理】【回答の一部を繰り返す】

(3)「質問」の力を意識して利用する

§44 「質問」の力と種類

対論の場においては，質問する側が圧倒的に有利です。主題を一方的に設定し，答えの枠をはめてしまうことが可能だからです。

質問には様々な種類がありますが，民事反対尋問の場面でのスキルの観点から整理してみます。

ア　訴訟ルールとして一定の規範的な意味があるもの

誘導質問，誤導質問など→§18

イ　形式面から見た種類

(ア)　クローズドかオープンか（更に→§45）

クローズドな質問は，「はい，いいえ」(Yes or No) で答えられるものであり，回答の範囲を限定します。多くは誘導質問ですが，形式としてはクローズドな質問の中にも誘導質問でないものがあります（例：「そのときにＢに話しかけましたか」→§18)。

一方，オープンな質問は，形式的にはいわゆる５Ｗ１Ｈを尋ねる質問で「なぜ質問」が典型的です（→§51)。ほかにも「どのような経緯で」「いつ店に入りましたか」「店で何をしていましたか」など，質問者にとって回答者がどのように答えるかが予測できない質問になります（例：§48，§49)。

(イ)　「ね」vs.「か」

文末を「ね」とするか「か」にするかによって差があり（→§43，§100，§101，§107，§115，§118)，ａ「ですね」の方がｂ「ですか」よりも単純に誘導できる可能性が高くなります（→§7)。疑問文で末尾が「か」の場合は，文脈により疑いを示したり（→§106参照)，未知の情報を確認するニュアンスを持ったりし，一方「ね」の場合は，通常は回答を予測していて同意を求めるニュアンスになります。

(ウ)　単純な誘導vs.「か」を交えた誘導

単純なａ「ですね」と比較すると，ｃ「ではないですか（ではありませんか)」は，同意を誘導する（確認を求める）文として機能的には同じではあるものの，二重否定の少しもったいぶった言い方となり，単純でない分，回答者に考えさせる傾向を持つと感じられます（また，言い訳を誘発する，あるいは質問者の意見を述べるだけの結果になりやすい→§72)。

次にｂ「ですか」とｃ「ではないですか」を比べると，ｂの方は新たな情報の提示あるいは質問者に自信がないニュアンスを含む（→§101）ことから，ｃは既知のことの念押し確認という意味では単純で，ｂの方が回答者に考えさせる側面もありそうです。

以上のように単純ではないながら，回答者の心理から見て単純に誘導されやすい順として，一応ａ「ですね」＞ｃ「ではないですか」＞ｂ「ですか」といえるでしょう[*44]。ａと比べると，ｂ・ｃの質問に対し「はい」の回答がある場合，（やや大袈裟ながら）心理的抵抗を乗り越えて肯定したという意味で後者の方が若干回答の信用性が高まる感じがします（リスクがある反面，質問の効果＝報酬が高い)。そこで，「はい」の回答をする確信度合いが高い場合には後者の質問を活用することができ，確信度合いが低い場合にはｂ・ｃの形式のリスクを避けてａ「ですね」の質問により誘導を試す，ということが一応いえそうです[*45]。もっとも，大原則は，確信度の高い内容の質問にして「ね」をリズムよく使うことを目指すことになります。以上の例として，§14の※７では「ね」「か」を文脈に応じて使い分けしています。

(エ)「ましたか」vs.「ませんでしたか」――「せんで」が入る形

そのとき「話しかけましたか」vs.「話しかけませんでしたか」(→§18）という差があります（同様に，§51「という気持ちになりませんでしたか」，§116「話は出ませんでしたか」)。これは（ウ）のｃに相当します（こちらは動作について)。いずれも，微妙な差異ですが，状

---

*44 ｂとｃのどちらが単純に誘導されやすいかは状況により異なるとも思われ，また同じ形式の聞き方を連続させるとかえって抵抗感を生んだり，声のトーンによっては逆方向の効果を生じることもあり，ここでの分類に固定的な意味はない。なお「ですかね」は「ですね」の一種と思われる。

*45 言葉は常に変化し，あくまでも一応である。高野＝河津「刑事法廷弁護技術」163pは確信の度合いを「熟知度」と呼び，一方で，質問形式を「じゃないですか」(念押し型)「～。そうですね？」(命題確認型)「～ですね」(単純誘導型)「～ですか」(質問型)「～何ですか」の順に，誘導の程度が低くなり，熟知度が高い場合には誘導の程度が低い形式も可能になるとして熟知度との関係をグラフ状に示している。興味深い試みと思うが，命題確認型は単純誘導型と有意な差はなく，念押し型という「じゃないですか」(「ではないですか」と同義か）については，本書のような位置づけの仕方もあると思われる。

況に応じてどちらが尋問の流れに合うか考えるとよいでしょう。

§45　クローズドな質問とオープンな質問

質問者が尋問をコントロールし，反対尋問の限られた持ち時間を浪費しないため，基本的にクローズドな質問をすべきです。

クローズド質問の中で特に有益なものが「二者択一」を迫る質問です。あったかなかったかを問うのが典型で（→§94），「○月○日，Sの家に行ったのか，行っていないのか，どちらですか」（→§43），「払ってほしいという要求をしたか，しなかったか」（→§51），また相手が否定できない内容の場合には純粋な問いでなく「あなたは，趣味ではなく，家具屋として商売をされているのですよね」（→§72）という形もあります。更に「全額，マンション購入資金に充てられていますか」（→§110）は，「全額（all）か」の問いに対し全肯定しない限りは「全額ではない」という答えになるので二者択一質問の変形といえます。

クローズドな質問の中でも，その内容として「事実の存否を問う」質問は特に有益な質問形式です（→§51，§68も参照）。

反対尋問では，オープンな質問はしないことが原則です（「答えの予測できない質問はするな」→§18，「なぜ質問」はオープン質問の極致→§50）[*46]。例外的にオープンな質問をするのは，リスクを承知で，よい流れになる見込みがある場合（→§57），未知の情報を回答者に語らせることが有意な場合（→§137），更に回答者がどのように答えても質問者にとって有利になる場合などです（→§117）[*47]。

形式的にクローズドであっても内容的に「曖昧さを許す質問」であれば，相手がどのように答えるか予測できない部分が残ります（例→§68）。この曖昧さの度合いを「内容的オープン度」ということもできるでしょう（→§109も参照）。民事事件では，刑事事件の実行行為の場面のように，詳細な事実関係が証拠によって明らかにされていることはまずありません。したがって，曖昧さを許す質問にはやむを得ない面もありますが，質問の曖昧さを可能な限り排除できているかを検討する必要があります。

オープンな質問の中でも，具体的な何か（What）を問う質問（例→§

---

*46　ただし，人それぞれであり，主尋問ではそれなりに説明していたのに反対尋問で「ズバッと理由を聞かれてうまく答えられない人」もおり，その場合反対尋問は大成功ということになる（上掲「裁判官からみた証人尋問（当事者尋問）のあり方」・日弁連研修叢書374p参照）。

*47 高野＝河津「刑事法廷弁護技術」165p以下も参照。

114）は内容的オープン度が低く有益な質問になる場合があります。

（4） 基本姿勢

§45-2 「人」を憎まず

敵性証人に対してはどうしても敵対心を抱いて望みがちですが，必要以上に攻撃的な態度（口調や言葉にも表れます）は，無用なやりとりを生んで時間を浪費し，裁判官に対する印象もよくなく，害あって利なしです。仮に，相手の「主張」は憎むべきものであっても，その「人」に対する悪感情は持たないという姿勢が望まれます（これは難しいことで，始まるとどうしても興奮してしまいますが）。

ケースによりますが，可能な範囲で「人」には友好的に接して，余計な警戒心を解いてスムーズに受け答えしてもらい，その結果質問者に有利な回答が出てくるという展開を目指したいものです。笹瀬「事件類型別エピソードでつかむリーガルカウンセリングの手法」84pにある，反対尋問の冒頭にかける言葉を引用しておきます（なお，冗長にならない限度での丁寧さにすることについて§70参照）。

> Q：お父さんは，今日は遠方からいらっしゃったのですね。だいぶお疲れのご様子ですね。あと少しだけ私からお尋ねしますね。あまりお時間はとらせません。もう少しで終わりますから我慢してくださいね。

（5） 「制止する」「遮る」言い方――余計なことをしゃべり出す人に

§46 制止する場合の基本的な言い方

<table>
<tr><td colspan="2">質問者は，Aが5月18日，Wに会っていない事実を確認しようとしている。</td></tr>
<tr><td>【ありがちな例】
Q：あなたは，5月18日，Wさんに会ってはいませんね。</td><td>【工夫例】
（ここまで同左）</td></tr>
</table>

A：Wさんかぁ，あの人は，口が上手いけど信用できないところがあったからねぇ。というのも，確か3年ほど前，Wさんが「よい投資話があるよ」と持ちかけてきて，私もその時はWさんのことを信用していたからね，前向きに話を聞いたりもしたのだけど……（しゃべり続ける）	A：Wさんかぁ，あの人は，口が上手いけど信用できないところがあったからねぇ。というのも…… Q：ちょっと待ってください。端的に質問に答えてください。もう一度お尋ねしますが，あなたは，5月18日，Wさんに会いましたか，会いませんでしたか。 A：……会ってはないけど。

それでも質問に対する答えがない場合は，より明確な言い方で回答を促します。

> 「私の質問は「5月18日，Wさんに会ったか会わなかったか」ですので，答えはそのどちらかです。お答えになれませんか」

制止してもしゃべり続ける場合は，「法廷のルール」などの権威を持ち出すこともあります。

> 「今は質問にお答えいただく時間です。法廷のルールですから，聞かれていないことやご意見はおっしゃらないでください」

このように釘を刺しておき，「質問を繰り返しますから，よく聞いてください，あなたは……」などと，繰り返します（例→§120も参照）。

ただし，核心を突く質問に対して証人が正面から答えようとしないことを捉えて，その回避的な態度が回答者にとって不利な事実の存在を一定程度推認させるものであることを後に準備書面で強調することもできます。そのような場合には，むしろチャンスと捉え，あえてしばらくしゃべらせた上で，

> 「今，たくさんご意見をお話しになりましたが，私の質問にはお答えに

なりませんでしたね。もう一度私から質問いたしますので，私の質問をよくお聞きください……」

このように発問することもよいでしょう。

質問を繰り返す必要のないときは，次の質問に移ればよく，次のように「移行の言葉」を用いて場面を変えることが考えられます（→§60も同様の例です）。

「○○さん，ありがとうございました。もう質問に十分答えていただきましたので，次の質問に移ります」

以上のやりとりにもかかわらずしゃべり続けるような場合は（あまり考えられませんが），裁判長の訴訟指揮による制止を求めることになります。

「裁判長，証人は質問に答えず発言を続けるので制止してください」

【遮るスキル】

Ⅱ　反対尋問のスキル――基本編

第一　まずはこれだけ「べからず」集

1　5大べからず

§47　5大べからず

具体的な実践上のスキルとして，「5大べからず」にまとめてみます。

【5大べからず】
① オープンな質問をしない――主導権を渡さない――§18，例→§48，§49
② 「なぜ」質問をしない――未知のことを語らせない――例→§50以下
③ ストレートに聞かない――「Aを聞きたければ，Bと聞け」[*48]――例→§52，§54以下
④ 意見を問うな――事実を確認しよう――例→§56など
⑤ 意見を言わない――議論しない――例→§71，§120など

②～⑤はしばしば一つの質問の中に顕れます。例：「あなたは～とおっしゃいますが，普通そんなことしないでしょう。なぜ～しなかったのですか」

②「なぜ質問」や③④「意見」を聞いたり言ったりしたくなったときには→事実の存否に引き直し（例→§59など），事実を聞く質問文に翻訳するとよいのです（例→§58など）。

*48　宇佐美寛『〈論理〉を教える』（明治図書，2008）186pに，岩下修氏の言葉として「Aさせたいなら，Bと言え」が引用されている。

2　オープンな質問をしない

§48 〈代理権を与えた〉ケース⑺

Sから証人Aへの代理権授与が争点となっているケースで，その代理権授与があった旨を証言するAに対する反対尋問。質問者は，代理権授与がなかったことを示したい。

【ありがちな例】

Q：Sは，どのような経緯であなたに代理をお願いしたのですか。[※1]

A：Sは，もうずっと長いこと，○○の土地を買いたいという話を私にしていました。ただ，Sは，自分は不動産に詳しくないので，不動産会社に勤めていたこともある私に代理をしてほしいとのことでした。私としても忙しかったので，正直気の進まない部分はあったのですが，学生時代からの親友であるSからの頼みですし，私は前職の不動産会社在籍時に宅地建物取引業の資格も取得しており，不動産の扱いには慣れているという自負もありましたので……

【工夫例】

Q：Sがあなたに土地購入の代理権を授与したというのは○年○月○日とのことでしたね。[※2]

A：はい。

Q：その際，Sはあなたに，土地購入に関する委任状を交付したとのことでしたね。[※3]

A：はい。

Q：Sは，あなたに委任状を交付する際，「自分は不動産に詳しくないし経験もないから代理をお願いしたい」と言ったということですね。[※4]

A：はい。

Q：○年○月○日のわずか半年ほど前に，Sが別の不動産を購入したことをご存知ですか。[※5]

（続く）	Ａ：……。

※１は「どのような経緯で」というオープンな質問（→§45）をしたため，証人が取りとめなく自身の主張を述べる事態になっています。その内容は詳細かつ具体的であるので，むしろ，証人の主張を固める方向に作用しかねません。このように尋問者が証人をコントロールできない事態は避けるべきです。

そこで【工夫例】※２～※４で，証人に自由に話をされてしまうことを防ぐため，クローズドな質問で誘導（→§45）を行います。

【工夫例】※２では，「Ｓがあなたに土地購入の代理権を授与したのは」と言わず「Ｓがあなたに土地購入の代理権を授与したというのは」と聞いています。質問者は代理権授与はなかったと考えているのですから，「という」の３文字を付することにより，事実ではないというニュアンスをにじませることができます。もっと丁寧に表現する場合は「あなたのご主張によれば～」という前置きを付けます。

【工夫例】※５では，Ｓが近接した時期に不動産を購入した事実を反対尋問で提示しています。そのようなＳがＡに「自分は不動産に詳しくないから代理をお願いしたい」などと言うことは不自然，との評価につながるので弾劾のネタになります。本ケースでは同事実を反対尋問で初めて提示しているので，Ａは知らないと言うかもしれませんが，その場合は弾劾証拠として，Ｓが近接した時期に不動産を購入した事実を証する証拠を尋問直後に提出することが考えられます。証拠提出の時期としては尋問前に提出するのが無難であり（→§32），この事実を反対尋問の弾劾証拠として使用すべきかどうかは，事案により検討すべきです。

また，このような有利な事実を発見できるとは限りませんが，証人は，ある主張をしたいと考える場合，その理由として事実と異なる事情を主張することがありますから，事前準備の努力次第です。

【オープンな質問をしない】【準備が全てを決める】

§49 〈何のために入って来たのですか〉ケース⑧

このケースの質問者は，「Ｓは紹介者ではなく契約当事者である」と主張していますが，回答者Ａは「Ｓは当事者ではなかった」と主張したいようです。次のような質問を行いました。

> **【ありがちな例】**
>
> Ｑ：Ｓさんは何のために打ち合わせに入って来たのですか。[※1]
>
> Ａ：紹介者ということで入って来たと思います。
>
> Ｑ：契約当事者としてではないのですか。
>
> Ａ：当事者ではありません。
>
> Ｑ：紹介者として入る必要が，何かあったのですか。[※2]
>
> Ａ：このような○○の取引では，よくあることなんですよ。[※3]

【ありがちな例】※１※２では質問者が獲得したい事実を，オープンな質問形式で，ストレートに聞いただけで，獲得目標のない質問になっています。そして，※３では「よくあること」，つまり「慣習」を根拠に答えられてしまい，マイナスの結果しか得られていません。

このケースで，第２パターンの弾劾が成立するのは次のような場合です(第２パターン→§5)。例えば，α「Ｓは紹介者として打ち合わせに入った」とするならば，通常，β「Ｓのほかに紹介を業とする者は同席しないはず」，あるいはβ「ＳがＡの真ん前に座って対峙する格好にならないはず」，ところがそうではなかった，というような事実があった場合です。その事実を把握している場合には，〈αですね→βでない事実がありますね〉という順序で聞くことにより一定の成果を挙げることが可能になります。「βではなかった」事実は，具体的には，打ち合わせの際の人物の構成や，座った位置等の具体的な事実などが想定され，それが反対尋問のネタとなります。

一方，このような事実を反対尋問までに把握していないときに【ありがちな例】のような質問をするとリスクの方が大きいことになります。

そこで，事実を把握するために争点整理の過程で相手方に対する求釈明申立てなどの方策（→§24）を取っておきます。

※求釈明の内容例[*49]

「○年○月○日，契約締結の際に，居合わせた人物の氏名，及びその属性（職業等），並びに具体的に座った位置を明らかにされたい。」

ここでも，事前準備が全てといってよいでしょう。

【オープンな質問をしない】【準備が全てを決める】【求釈明の活用】

3 「なぜ質問」をしない

「なぜ質問」はオープン質問（→§45）の極致です。本節のほかによくない「なぜ質問」の例として→§96（やぶへびになる）。尋問者が「おかしいでしょ」という気持ちになる→「なぜ質問」が出そうになったら→それを事実の存否を聞く質問文に翻訳しましょう（例→§58）。なお，あえて「なぜ質問」を利用するときもありますが，それはオープン質問を利用する場合（→§45）に準ずるものでしょう（→§88も参照）。

§50 〈理由も聞かずに印鑑登録証明書を渡すのか〉ケース9

「自身の印鑑登録証明書を，理由も聞かずに他人に交付した」という回答の不合理性を弾劾しようとするケースを見てみましょう。保証否認ケースなどでよく現れます。

【ありがちな例】

Q：あなたはSさんに印鑑登録証明書を渡しているようですが，なぜ渡したのですか。

A：分かりません。息子が必要だと言うので，言われるままSさんに渡しただけです。

このQは単純な「なぜ質問」になっており，効果的な弾劾とはいえません。工夫例としては，例えば以下のようなものが考えられます。

*49 圓道「企業法務のための」532pに求釈明申立書の一般的なひな形が掲載されている。

【工夫例】

Q：あなたは，自分の実印を，その用途も聞かずに他人に渡すことがありますか。※1

A：それはないでしょう。

Q：あなたは，印鑑登録証明書をSさんに渡したとき，なぜ必要か聞いていないのですよね。※2

A：息子が必要だとい言うので，Sさんに渡しただけです。

Q：「実印を，その用途も聞かずに他人に渡すことはない」と先ほどお答えになりましたが，印鑑登録証明書は違うようですね。では次の質問にいきますね……※3

実印と印鑑登録証明書とを「対比」するレトリックを意識して，※3の内容を調書に残すため，まず※1のQで実印についての「否定しにくい経験則」を確認してもらい前提を作ります（「普通を聞いておく」）。その上で，※2で印鑑登録証明書交付の際に理由を聞いていないことを誘導し，※3経験則に照らして，証言者の主張が信用できないことを示す内容を質問文中に置いています。※3では既に目的を達成しているので余計なことを話させないように，「独白→すぐ次質問」パターンを取っています（独白については→§108も参照）。

「なぜ質問」したくなるような疑問点については，このように経験則や争われない事実の存否を聞く誘導質問によって，相手方の不自然な主張の疑問点を調書に残すことを目指します。

なお，※1で，実印ではなく印鑑登録証明書そのものについて聞いた場合，

Q：あなたは自分の印鑑登録証明書を，その用途も聞かずに他人に渡すことがありますか。

A：いいえ，ありません。

このようになれば，「それにもかかわらず」と前置きをして※2の質問を続けることで，経験則に照らして回答者の行動が不自然であることをよりシ

ンプルにアピールできます。

一方，回答者は質問者の意図を察し，次のように答えるかもしれません。

> Ｑ：あなたは自分の印鑑登録証明書を，その用途も聞かずに他人に渡すことがありますか。
> Ａ：信頼する人から言われたら渡すかもしれません。

仮にこのような回答であれば，弾劾の前提となる事実が固められていない以上，深追いはしない方が得策です。この回答自体，不合理といえば不合理ですので，切り上げて次の質問に移ることでよいと思います。

【「なぜ質問」をするな】【「対比」のレトリック】【普通を聞いておく】【独白→すぐ次質問】【深追いするな】

§51　〈なぜ主債務者に連絡していないのか〉ケース⑩

主債務者Ｓの貸金債務を「保証したに過ぎない」と主張する証人Ａに対し，質問者は，Ａ自身が借主であることを示したいケース。

【ありがちな例】	**【工夫例】**
Ｑ：あなたは，平成28年８月から平成30年10月までの間に，10回，貸主であるＴに弁済をしてますね。	
Ａ：はい。	（ここまで同左）
Ｑ：ということは，あなた自身が債務者であって，Ｓの債務を保証していたのではないのでしょう。	Ｑ：この弁済は，あなた自身が借りたものでなく，保証人としての弁済だったのですか。【α】
Ａ：いえいえ，私は保証人としてＴから請求されて仕方なく払ったんです。	Ａ：そうです。 Ｑ：お金を借りたのはＳだという認識だったのですね。
Ｑ：ではなぜ，最近の平成30年	Ａ：そうです。

10月までの間，Ｓに対して，何の連絡もせず支払要求もしてないんですか。[※1] Ａ：保証人として支払に応じるのにＳに連絡しなければならない義務があるんですか。これって法律で決まってるんでしょ。 Ｑ：いや，法律のことを言ってるのではなく，普通だったら連絡するでしょ。 Ａ：あなた弁護士なんでしょ。民法の条文がどうなってるか，読んでみてください。	Ｑ：平成28年８月から平成30年10月までの，２年２か月の間，保証人である自分ではなく，Ｓの方に請求してほしい，という気持ちにはなりませんでしたか。【γ】[※2] Ａ：まあ，それはそうでしたかね。 Ｑ：Ｓは行方不明ではなかったのだから，連絡をとろうと思えば取れたはずですよね。[※3] Ａ：まあ，それはそうですね。 Ｑ：２年２か月の間，Ｓに，払ってほしいという要求はしていないのですね。【βでない】[※4] Ａ：いつ要求するかは勝手だと思います。[※4’] Ｑ：私の質問は，平成28年８月から平成30年10月までの，２年２か月の間，Ｓに払ってほしいという要求をしたか，しなかったか，その事実を確認しただけです。いかがですか。[※5] Ａ：まあ，その間しなかったことは事実ですね。

【工夫例】は，第２パターンの弾劾（→§5）にあてはめると：α保証人であるのなら，γ通常の人の気持ちとしては主債務者に請求してほしいと思

い，β主債務者に請求するように要求するはず，ところが，βでない，ということは保証人でなかったのだ，という推認が働くことを明らかにし，保証人だったというA証言の弾劾に一定程度成功しています。

【ありがちな例】※１で，「なぜ」と聞いてしまい，民法上は主債務者に連絡や請求する義務はないという「意見」に逃げられてしまいました。

【工夫例】では，※２で，［γ］＝人が通常持つ気持ちを確認するため，ある気持ちを持っていたかいなかったかという過去の事実に引き直して「事実を聞く」形式で質問をしています。「なぜ質問」に対し証人は「意見に逃げる」ことが可能ですが，【工夫例】では，事実の存否に引き直した質問をして，意見に逃げさせないようにしています。

※３は事前に調査が必要な事項ですが，調査の結果この質問をしてよいと確認できていれば，この「やろうと思えばできましたね」質問により「あえて連絡を取ろうとしなかった」という間接事実が浮き彫りになります（γの補強になります）。この質問は，単に連絡を取らなかったことよりも，連絡を取らなかった事実を強く顕出しようとしているもので，いわば「事実発見力」の強い質問です。ただ，強い質問はリスクもあり，「連絡を取ろうとすることができなかった」何らかの具体的事実（γの例外に当たります）を答えられてしまう可能性もあります。

※４は※２を受けて，（既に分かっている）AがSに要求していない事実を確認して調書に残すための質問で，Aが※４’で意見に逃げたので質問に「引き戻」して答えさせるため，事実の存否についての二者択一を迫るYes or No質問にしています。なお，旧版では「その事実を確認したいだけです」と記載していましたが「その事実を確認しただけです」と修正しています。

【「なぜ質問」をするな】【意見に逃げさせない】【事実の存否に引き直す】
【やろうと思えばできましたね】【二者択一を迫る】

§52 〈なぜ店を見に行ったのか〉ケース⑪

> 証人Aは，Sの店で従業員として働くことを断り，Sとの深い関係はないと主張している。質問者は，AとSとの関係が継続していることを

<table>
<tr><td colspan="2">主張したい。そこで，Ｓの店をＡが訪れた事実が分かっている場合に，自ら働くことを断った後なのに店を訪れたという点で，矛盾挙動を示そうとしている。</td></tr>
<tr><td>【ありがちな例】
Ｑ：あなたは，2018年９月にＳの店で働く話を断った，ということでしたね。
Ａ：はい。
Ｑ：あなたは，その１か月後の2018年10月に，Ｓの店の改装工事の現場に顔を出したことがありますね。
Ａ：……改装工事を見たことはあります。[※1]
Ｑ：誘いを断ったのなら，なぜＳの店を見に行ったのですか？[※2]
Ａ：わざわざ見に行ったのではありません。たまたま近くを通りかかったときに，今後また自分が店を出すときの参考にしようと思って寄っただけです。そうしたら内装工事していたので，外からちょっとのぞかせてもらったに過ぎません。</td><td>【工夫例】
(ここまで同左)
Ｑ：誘いを断った後も，Ｓの店の様子を見に行くことがあったのですね。[※3]
Ａ：……ええ，まぁ。</td></tr>
</table>

【ありがちな例】※１ではＡはＳの店を訪れた事実を否定してはいませんが，「見たことは」の「は」が，答えたくない態度を示しています（「は」一

語も恐るべし)。答えたくない態度を示している証人に対して，※２のようにストレートな質問をしただけでは期待する回答が得られないことが多いでしょう。ストレートかつ「なぜ質問」をしてしまうと，証人に弁解ないし挽回する機会を与え，しかもなぜと聞いたのですから制止しにくいことになります。【工夫例】のように「事実を聞く」べきです。

【工夫例】※３は，再びＳの店を訪問した理由は聞かないで，Ａが限定的ながら認めている，Ｓの店を訪問した事実「は」存在したことを確認するシンプルな質問です。この質問に対し「ええ，まあ。」というような回答であれば，質問で確認した事実を確実に調書に残すことになります。証人の矛盾挙動とまではいえないものの，「Ｓとの深い関係がない」という証人のストーリーの信用性に疑念を少し持たせる程度での成功となっています。【ありがちな例】は「深追いするな」の例といえます。

【「なぜ質問」をするな】【事実を聞く】
【ストレートに聞かない】【深追いするな】

§53 〈なぜ領収メモを送らなかったのか〉ケース⑫

Ｓへの現金の交付の有無が争点になっているケースで，証人Ａは，Ｓに対する現金の交付を頼まれ，Ｓに現金を交付したと証言する。現金の交付を裏付ける客観証拠がない場面でのＡに対する反対尋問。質問者は，Ｓへの現金の交付がなかったことを明らかにしたい。

【ありがちな例】	【工夫例】
Ｑ：あなたはＳにお金を渡したときに，Ｓがノートにメモをして，受け取った金額と名前をサインして，あなたに渡した，とおっしゃいましたね。 Ａ：はい。 Ｑ：そのメモがお金を渡したこと	

の証拠になるわけですね。 Ａ：まあ，証拠というか。はい。ロシアの人って何でもそうなんですけど，ちょっとのお金でももらったらすぐサインをするんですよね。 Ｑ：あなたはそのメモを受け取ったんですか。 Ａ：まあ置いていったんですね。 Ｑ：受け取ったんですか。 Ａ：ええ，そうです。そうです。 Ｑ：そうであれば，お金を渡した証拠として，写真に撮ってメールとかで依頼者に送ればよかったと思うのですが，なぜ送らなかったのですか。[※1] Ａ：領収証を取ってくれとか依頼されていなかったので。 Ｑ：あなたは，500万円を現金で渡しても，特に領収証を取らなくても問題ないと思っていたのですね。[※2] Ａ：そうですね。身内からの依頼ですし，領収証までは依頼されていなかったですから。	（ここまで同左） Ｑ：あなたは，500万円をＳに渡した直後，依頼者に電話してその報告をしたと証言されましたね。※３ Ａ：はい。 Ｑ：そのときに，Ｓのメモを写真に撮ってメール等で依頼者に送りましたか。[※4] Ａ：いいえ……。 Ｑ：それで，その後，現在までに，Ｓのメモを依頼者に示しましたか。[※5] Ａ：いや……。

本ケースは第２パターンの弾劾で（→§5），その構造を示すと，α＝お金を渡して領収のメモをもらった，γ＝通常依頼者に報告する（経験則）・報告はメールで簡単にできる（具体的状況），β＝依頼者にメモを送る等す

るはず，という構造になります。

【ありがちな例】※１は「なぜ質問」の形式で「なぜβしていないのか」と聞いたことによって，言い訳を許しています。※２では，γの経験則を確認しようとして，かえってその経験則の例外の説明（言い訳）を誘発しています。

【工夫例】では，※４※５と続けて「βがないこと」を具体化して固めています（なかった事実をえぐり出す）。※３はγに当たる具体的状況（※４を通常行う状況）を確認して※４の前提にしています。現在に至るまでも当該メモを依頼者に示していない事実は，現金交付したとの主張の信用性を弾劾するものであり，その事実を法廷に顕出する（調書に残す）ことができています。その結果，判決文に使えるような「証人が真実，現金をＳに交付していたのであれば，領収証を受け取り依頼者にその領収証を交付することが通常であるにもかかわらず，証拠調べの結果からは，証人は現金交付の直後にもらったという領収証に当たるメモを依頼者に示しておらずその後も一度も依頼者に示していないという事実」を認定してもらえる可能性があります。

なお，Ｓが自主的にメモを残したという供述も不自然ですが，それは決定的ではないことから，深追いしない方がよいでしょう。

【「なぜ質問」をするな】【言い訳を誘うな】【普通を聞いておく】
【調書に残す】【なかった事実をえぐり出す】

4　ストレートに聞かない

質問者が聞きたい・引き出したいことをストレートに聞くと意図を察知されて言い訳を誘い，逆効果になることが多いものです。例えば，§14で「車に二人きりで乗り込むのは不自然じゃないですか」と聞きたくなったら，その「不自然さ」をストレートに聞くのでなく，第２パターンの「普通はβするはず」（→§5）のβをしていないことが不自然なのですから，§13の手順に従ってαを（ケースによってはγを）固めてから，βをしていない事実を示すようにすればよいのです（ほかにも例→§110）。ただし，前提を積み上げた上で，仕留める質問として，狙いをストレートに聞くケースもあります（→§84の※8）。

§54 〈たまには実家の空気を入れ換えに〉ケース13

相続紛争事案で「相続人である被告が，被相続人の生前に遺産である預金を勝手に引き出したか否か」が争点のケースで，引出しを否認する被告Aに対する反対尋問。質問者は，「預金通帳やキャッシュカードを管理していたのがAであったこと」が最終的に認定されることを目標としている。

【ありがちな例】

Q：あなたは，被相続人が亡くなるまで，被相続人の預金通帳やキャッシュカードを管理していたのではないですか。※1

A：いいえ。

Q：今回問題となっている預金通帳やキャッシュカードは，被相続人の死亡後，被相続人の自宅のタンスから見つかったのでしたね。

A：はい。

Q：被相続人のご自宅の鍵はあなたが管理していたのではないですか。※2

A：はい。私が預かっていましたが，合鍵があったはずです。

Q：つまり，他の人も合鍵で家に入った可能性もあるというこ

【工夫例】

Q：被相続人であるお父様は，お亡くなりになる数年前から，施設に入っていらっしゃいましたね。※4

A：はい。

Q：お父様は，施設入所後，ご自宅には戻られず，施設でお亡くなりになったのでしたね。

A：はい。

Q：施設に入られる前，お父様はお一人暮らしだったのですよね。

A：はい。

Q：施設に入られてから，お父様のご自宅の手入れはどうしていたのですか。※5

A：たまには空気を入れ換えたりしないといけないので，私が，

とですか。※3 A：そうなんです，弟たちも立ち入っていたはずです。	休みの日に家に行ったりしていました。※5' Q：空気の入れ換えに行くときはあなた一人で行くことが多かったですか。※6 A：まあそうですね。 Q：今回問題となっている預金通帳やキャッシュカードは，お父様が亡くなった後，お父様の自宅のタンスから見つかったのでしたね。※7 A：それはそうです。

本件では，「被告が被相続人の預金通帳やキャッシュカードを管理していた（無断で引き出しができる状況だった）」という事実が獲得目標です。

これを【ありがちな例】※1のようにストレートに聞いたのでは，尋問者の意図は被告（証人）に丸わかりで，被告は引き出しを否認しているのだから，認めるはずがありません。

※2は，「管理していたか」と聞いていますが，一般人にとって「管理」は法律用語のイメージも含まれており，これを肯定することは，重い責任を負わされるかのようなニュアンスがあります。そのため，回避したいという意向が働き，「自分だけの責任ではない→そうだ，合鍵があったことにしよう」，という方向に誘導してしまったことになります。【工夫例】※5のように父自宅への出入りを肯定させたいなら「手入れ」などの平易な日常用語で，否定（回避）させたいなら「管理」のように法律用語で質問するとよいということです。続いて※3では，むしろ回答者を勢いづける「敵に塩を送る」発言になっています（質問ともいえない，独白です）。回答をなるほどと思ったときに，ついこのような無益な発言をしてしまうこともありがちなことです。

【工夫例】では，被告が直接に認めなくても，預金やキャッシュカードを自由に持ち出せたのは被告のみであったと推認されることを目指し，「被告は，空き家になった実家の手入れのために休みの日などに一人で実家に出入りしていた」限度での事実を顕出することにより，裁判官の事実認定に使える間接事実を確実に調書に残すことを目標としています（→§7）。

そのためまずは，※４のように預金やキャッシュカードと直接に関係しない「父の不在」の点から遠回しに日常的な会話の流れで聞いています。※５がポイントとなった問いであり，例外的にオープン質問（→§45）ですが，被告が「自分一人が大変な思いをした」というケースではよい流れになりそうな見込みからリスクを取ってトライしたものです。施設に入って空き家になった実家の「管理」とはいわず，「手入れ」という日常語で聞くことにより，空気入換えのために訪れていた事実が引き出されたことから，その流れで出てきた※５'「空気入換えのため」を※６「オウム返し」で活かしています。※７から「一人で出入りしていた実家のタンスに保管されていた預金通帳やキャッシュカードを使用したことが推認される」ことを目指しています。

【ストレートに聞かない】【日常用語は使いよう】【肯定させたいなら】
【否定させたいなら】【裁判官の起案を助けよう】

§55　〈採用したのではないですか〉ケース⑭

被告は原告会社の元代表者であるが退社後，Ｓ社に入社している。原告は，被告に対して競業避止義務違反を主張して提訴し，原告代理人が，Ｓ社の代表者Ａに対して，被告の知見を悪用するために同人を雇った事実を明らかにする目的で反対尋問を行う。

【ありがちな例】	【工夫例】
Ｑ：あなたは，被告の人脈を利用して原告の取引先を奪うために，被告を採用したのではないですか。※1	Ｑ：先ほどの話では，あなたの会社は現在コストカットを続けているところですよね。※2 Ａ：はい。

A：違います。取引先を奪う云々ではなくて，原告での経験を買って，色々とアドバイスをもらうために採用したのです。	Q：そのような中でも，わざわざ人を増やして，被告を採用したのですね。※3 A：わざわざというのか，ともかく，被告は経験が豊富なので，会社に貢献してくれると考えたからです。※3’ Q：その被告の経験とは，原告会社での経験ですね。※4 A：まあそうですね。

【ありがちな例】では，※１で，質問の意図をストレートにぶつけてしまっています。回答者の逃げ場のない確実な証拠を提示するなどして，念押しとして質問するのであれば別ですが，意図をストレートにぶつける質問は，基本的には無意味な質問です。

【工夫例】※２※３は，有利な間接事実（コストカット中なのにわざわざ被告を採用した）を質問内容として顕出し裁判官の起案を助けることを意識しています（→§7）。このような質問をするためには，当然ながら事前調査により否定できない事実と分かっていることが必要です。

そして，この※３の質問により，回答者は採用した理由を弁解したくなる状態になり，※３’で，被告の経験に期待したから採用したという，一応質問者に有利な間接事実を述べました。その回答を利用して，※４ではその「経験」とは一般的なものではなく原告会社での経験であることを顕出しました。弱いながらも，当方に有利な間接事実（原告会社での経験を利用する，すなわち不正競争目的があったことを推認させる事実）を調書に残す目的を達しています。

【ストレートに聞かない】【裁判官の起案を助けよう】

5 意見を問うな

質問者が，おかしい・不自然だと考える事項をストレートにぶつけ，それが意見を聞く質問になってしまうことが多く見受けられます。無意味な水掛け論になり，裁判官の心証を悪化させ，その上時間を浪費することになります。意見を聞く質問は「なぜ質問」（なぜ～しなかったのか）の形でも現れ，また，議論になる（次節§57～でも触れます）ことと隣接していますが，意見を聞きたくなったら，「事実の存否に引き直す」スキルを用います。

§56 〈お金を用意できるはずがない〉ケース⑮

Ｓが原告Ａに対して，現実に1000万円を支払ったか否かが争点となっている。被告としては，ＳからＡへの金銭授受はないことを反対尋問で明らかにしたいところ，Ａに対する反対尋問の中で，Ａが，「Ｓが金銭に困っていた」という証言をした場面である。

【ありがちな例】

Ｑ：あなたのお話では，Ｓは，お金に困っていたというのですから，そんなＳが1000万円を簡単に用意できるはずはないのではないですか。疑問には思わなかったのですか。※1

Ａ：私にはよく分かりませんが，でも現にＳは1000万円を持ってきてくれたんですよ。

【工夫例】

Ｑ：あなたのお話ではＳはお金に困っていたということでしたね。※2

Ａ：はい。

Ｑ：お金に困っているというのは，具体的にどのような話だったのですか。

Ａ：サラ金に借金があるという話を聞いたことがあります。

Ｑ：具体的にいくらくらいあるか聞いたことはありますか。

Ａ：いいえ，そこまでは知りませ

	ん。 Q：では，一緒にいるときに，何かお金に困っているような発言があったのでしょうか。※3 A：はい。金がない，金がないというのはよく言っていました。 Q：そのＳが1000万円を，持ってきたというのですね。 A：そうです。

【ありがちな例】では，Ｓがお金に困っていたという，質問者に有利な証言を引き出せたにもかかわらず，その点を固めることなく，※１で相手に意見を求める質問になってしまい，有利な証言を活かし切れていません。また，※１は質問者が意見を述べた上で質問しており質問が長く，質問の意味も明瞭ではなくなっています（「一文一意」→§67）。

【工夫例】では，有利な証言の内容を具体的に，分解して確認する発問をすることで，Ｓが1000万円を支払った事実の推認に消極に働く事情を強調することができています。※２から※３まで，質問を細かく分けてコンパクトな質問を重ねることで，尋問それ自体としても分かりやすいものになっています。

【短い質問にする】【意見を問うな】【一文一意】

6 意見を言わない（議論しない）

前節と隣接しますが，回答者が不自然な供述をするとき，「おかしいでしょ」などと言いたくなります。この場合には，事実の存否を聞く問いに引き直すことにより，議論になることを避けるべきです。本節のほかにも議論になりそうな状況の例（→§73）。

§57 〈詐欺に遭ったとおっしゃる〉ケース⑯

<table>
<tr><td colspan="2">Ｓにだまされた（詐欺に遭った）と主張するＡに対する反対尋問を行う場面で，Ａ主張の不合理性を示したい。</td></tr>
<tr><td>【ありがちな例】
Ｑ：先ほど，Ｓから「自分は不動産に詳しい」と言われたのでＳを信用したとおっしゃいましたか。
Ａ：そうです。
Ｑ：それだけでＳを信じ込んでしまうことがあるんですか。登記書類も見せられていないんでしょう。あなた，本当に詐欺の被害に遭ったとおっしゃるんですか。[※1]
Ａ：弁護士さんのように頭のよい人はそうおっしゃるかもしれませんが，私らのように，何も知らない者にとっては，登記に必要な書類がどうこうとか，よく分からないまま，人を信用しちゃうことってあるんですよ。</td><td>【工夫例】
（ここまで同左）
Ｑ：それ以外に，Ｓを信用した理由はありますか。[※2]
Ａ：……いや，話したとおりです。</td></tr>
</table>

【ありがちな例】※１は，事実というより評価を聞く（質問者の評価を押し付ける）Ｑで，また，一般に「本当に～したのですか？」という表現は避けるべきです（→§110）。その結果，何も得られないどころか，「回答者は不動産について知識が乏しい」（回答者の供述内容に合理性がある，という評価につながり得る事実）というマイナス材料まで出てきてしまっています。

加えて「深追い」にもなり（→§64），また「一問一文」の原則（→§67）に反する，三つも文が入った長過ぎる質問です。

【工夫例】は，※２で，Ｓを信用した理由（具体的事実）の存否の形で端的に「Ｓが不動産に詳しいと自称した」以外の理由がないことを聞いて固めています。もちろん，「他に何かありますか」はオープン質問（→§44）の一種ですから，回答者に他の理由を答えられてしまい，やぶへびになるリスクはあります。こうした質問をするのは，「Ｓを信用した理由は他にない」旨の回答を予測できる場合，又は当方の攻撃材料が不十分であるためにリスクを覚悟の上で行う場合です。

おかしいと思うことは，尋問後の準備書面でその不合理性を主張すればよいのです。

【評価を聞くな】【事実の存否に引き直す】【議論をするな】

【一問一文】【深追いするな】

§58 〈どうして本人だと断言できる〉ケース⑰

電話による本人確認が問題になった事案で，「電話の相手が被告だった」と主張する証人Ａに対し，被告代理人は「電話の相手が被告ではないこと」を示したい場合です。ありがちなのは，以下のような例です。

【ありがちな例】

Ｑ：あなたは，被告の本人確認のために被告に電話をしたということですが，電話に出た人が被告本人であると，なぜ言えるのですか。※1

Ａ：被告の生年月日や干支を尋ねたところ，電話に出た人がこれを正しく答えたのですから，電話の相手が被告本人だったことは間違いありません。

Ｑ：それだけでは電話の相手が被告だとは断言できないと思いますが，そうではないですか。※2

Ａ：私は十分だと思いますが。

【ありがちな例】※１は，理由をオープンに尋ねる「なぜ」質問であるため，理由を詳しく語られて，一応の合理的理由を固められています。これについて※２は質問者の反論を述べて回答者の意見を聞いているため，水掛け論となっています。

こうしたケースであれば，例えば次のように聞いてみるのはどうでしょうか。

【工夫例】

Ｑ：あなたの会社では，本人確認のルールとして，名前のほかに何を聞くことになっていますか。※3

Ａ：お名前のほか，生年月日と干支を聞くことになっています。

Ｑ：例えば，同居の親族が電話に出れば，本人の生年月日や干支をスラスラ答えることはありますね。※4

Ａ：それはそうでしょうが。

Ｑ：あなたの会社の本人確認のルールでは，同居の親族が答える可能性が考慮されていますか？　※5

Ａ：……私はよく分かりません。

【工夫例】※３では，聞きたいポイント（疑問に思うポイント）を，どうしてという理由でなく会社のルールの内容という「事実を聞く」質問に引き直して聞いています。なお，※４は，厳密にいうと「仮定の質問」（→§62，§63）ではあるのですが，本件との関連性があり，常識的な経験則を確認しているので，あまり問題が生じることはないでしょう。

※５は，※３同様に「なぜ質問」にせず，あくまで会社のルールの存在及びその客観的内容（同居の親族が対応する可能性が考慮されているか）という「事実」の存否を聞いています（回答者は知らない，分からないと答えると思われますが，どう答えても質問者にとってマイナスにならないはずです）。

これらの試みにより，回答者の認識ではなく，会社の本人確認ルールの不十分性を裁判官にアピールすることで，「会社のルールに不備があること＝証人Ａが被告本人と話したという証言が信用できないこと」を示そうとするものです。

【事実を聞く】【「なぜ質問」をするな】【議論をするな】

§59 〈不倫やめる必要ないでしょ〉ケース⑱

不貞行為に基づく慰謝料請求の事案で，〈原告：妻，Ｓ：配偶者（原告の夫），被告Ａ：不貞相手の女性〉という設定。Ａは「Ｓとの男女関係は認めるが，関係を持った時点で原告とＳの婚姻関係は破綻していたから問題はないと認識していた」と主張しているケースでの，Ａに対する反対尋問。

原告からの慰謝料請求以後，ＡとＳとの男女関係がないことについては争いがない。質問者としては「慰謝料請求後にＡがＳとの男女関係を解消したのは，以前からの自らの行為に問題があると認識していたからだ」ということを示したい。

【ありがちな例】

Ｑ：Ｓとの男女関係は現在も続いていますか。

Ａ：いいえ。

Ｑ：「原告とＳの婚姻関係は既に破綻していたので，Ｓとの男女関係には問題がなかった」というご主張からすれば，Ｓとの関係を解消する必要はないように思いますが，いかがでしょうか。※1

Ａ：それは弁護士さんのお考えですか。

Ｑ：いや，あなたの主張です。あなたのこれまでの主張は，「既に婚姻関係が破綻していたのだから，Ｓとの交際は悪いことではない」ということ

【工夫例】

（ここまで同左）

Ｑ：Ｓと関係を持ったことについて，原告に対して悪いことをしたとは思っていらっしゃらないということですよね。※4

Ａ：はい。

Ｑ：悪いことをしたとは思っていなかったけれども，Ｓとの関係は終わりにしたというご主張なのですね。※5

Ａ：はい。

ですよね。 A：はい。それは私が言ってることです。 Q：悪いことをしてないのなら，やめる必要もないのではないかと思って聞いているんです。[※2] A：それは，弁護士さんのお考えでしょう。 Q：だから，あなたの考えを聞いているんです。[※3] A：私は，そちらは破綻していたのだから悪いこととは思ってませんが，一度整理をしたいと思って，Ｓとの男女関係を終わらせただけです。	

【ありがちな例】※１～３共に，質問者の意見を述べて回答者の応答を求める質問であり，時間を浪費しています。また，※１は，質問の前提が長過ぎます。このような意見を求める質問になってしまうと，相手方代理人から異議が出されることもあるでしょう（→§35以下）。

【工夫例】では，こうした議論を避け，事実の存否として，不貞行為がないという認識（※４），当該認識にもかかわらず不貞行為は終了したという回答者の主張（※５）のみを確認する形にしています。これ以上の議論は無意味です。後の準備書面で回答者の供述に対する評価を主張すればよいのです。

【意見を言わない】【事実に引き直す】【議論をするな】

第二　その他の「べからず」集

7　同意を求める質問をしない――「～ではないですか」質問

質問者がある狙いを持っている場合，「～ではないですか」など，質問者の意見への同意を求める質問をしがちですが，せっかくの狙いを活かすことができず，議論になったり，時間を浪費するなど，かえってマイナスの効果に終わりがちです。

§60　〈文書作成者が有利な文言を入れないのはおかしい〉ケース19

<table>
<tr><td colspan="2">原告Ａは，「被告がＳの原告に対する債務を債務引受した」と主張する事案で，被告は債務引受の事実を否定している。書証として，Ｓの原告に対する借用証があり，その末尾に，被告の記名押印がある。質問者は，被告が債務引受をしていないことを示したい。</td></tr>
<tr><td>【ありがちな例】
Ｑ：甲１号証・借用証を示します。この借用証のパソコンで印字した部分は誰が作りましたか。
Ａ：私です。
Ｑ：この借用証には，「被告がＳの原告に対する借入について債務引受をする」という文言はないですよね。
Ａ：文言はないですが，被告に債務引受をしてもらってます。</td><td>【工夫例】
Ｑ：甲１号証・借用証を示します。この借用証のパソコンで印字した部分はあなたが作ったのですね。
Ａ：はい
Ｑ：先ほどの主尋問で，借用証の文面を作ったのは，Ｓがあなたからお金を借り，被告がその債務を引き受けるという話があったからだとおっしゃってましたね。</td></tr>
</table>

Q：貸主であるあなたが自分で借用証を作るのだったら，被告が債務引受をすることが明確になる文言を入れればよかったのではないですか。[※1]

A：借主Sと並んで被告が名前を書いてハンコを押してくれたのだから，債務を引き受けるという意味になるでしょう。

Q：とりあえず立会人といって被告の押印をもらって，後から，被告が債務引受をしたと言いがかりをつけるつもりだったのではないですか。[※2]

A：失礼な！　そんなことはありません。

A：はい。

Q：この借用証を見ますと，あなたの名の左側には「債権者」という表示がありますね。[※3]

A：それはそうですね。

Q：また，この借用証を見ますと，Sの名の左側には「債務者」という表示がありますね。[※4]

A：そうですよ。

Q：パソコンで文面を作るときに，あなたが，債権者，債務者という文言を打ち込んだのですね。

A：……まあ。

Q：この借用証の，被告の名の左側には何も書かれていませんね。[※5]

A：見れば分かるでしょ。あのね……（原告の主張をしゃべりだす）……

Q：待ってください。今は，私の質問に答えていただく時間です。質問に対するお答えはないということで，次の質問にいきます……。[※6]

【ありがちな例】※1は，質問者の意見に同意を求める質問になっているため（〜すればよかったのではないですか），回答者に上手く逃げられ，質問者に有利な事情（債務引受の文言がない）を活かし切れていません。※２も質問者の意見に同意を求めていますが，回答者の反発を招いてしまい，かえって明確に否定されてしまいました。

【工夫例】は書証に記載されている文言の存否を端的に確認するにとどめていますが，※３→※４→そして※５に来て被告の名の左側には何も書かれていない事実を示して，質問を終えています（「なかった事実」→§９）。被告名の隣に肩書きの記載がないことを他の二者と比較して強調するために，他の場所を巡ってからズームインするように聞いているわけです。

※６は，回答者が弁解をし始めたときに回答を遮る言い方の一例です（制止のやり方→§46参照）。

【同意を求めるな】【視点をズームインする】【遮るスキル】

8 同意を求める形の典型例――「普通ではないですか」

○○するのが「普通ではないですか」と言いたくなることも多いでしょう。そのとき，①「普通」を封印して，もう一段「具体化したレベル」の「事実」を想定する，②その「事実」が存在しないことを浮き彫りにする，という方向で考えるとよいでしょう。具体的に見ましょう。

§61 〈自分で支払うのが普通でしょ〉ケース⑳

親族間紛争で土地の不動産登記を備えた被告Ａに対する反対尋問。その土地の購入に際して設定した不動産ローンは，被告ではなく原告が支払っていた（この点，被告は「支払原資は自分が支出している」と主張している）。こうした事案で，「ローンの名義人であるＡが当該ローンを直接支払っていない」という事実の不自然性を指摘しようとしている。

【ありがちな例】	【工夫例】
Q：本件の住宅ローンは，毎月，あなたではなく原告が振込みの手続をしていたのですね。 A：ええ，ただ，そのお金は私が出していました。 Q：所有者であれば自分でローンを支払うのが普通ではないですか。[※1] A：私も妻も仕事があって忙しいので，原告に毎月お金を手渡して，振込みをしてもらっていたんです。	(ここまで同左) Q：ローンはあなたの名義ですよね。[※2] A：はい。 Q：ローンの支払に際して，あなたの預金口座からの自動引落手続を，やろうと思えばできましたね。[※3] A：……ええ，まあ。 Q：口座自動引落の手続はしないで，わざわざ毎月原告にお金を渡していたとおっしゃるのですね。[※4] A：……はい。

【ありがちな例】では，※1は「普通」～でしょう，というよくある発言により同意を求める質問になっており，かえって，被告の言い訳を誘発しています。

【工夫例】では，「動かし難い事実」（※2）をまず確認しています。そのうえで，※1のように「普通ならローンを自分で支払う」という事実をそのまま聞くのではなく，①もう一段「具体化したレベル」の事実，例えば「預金口座自動引落の方法を用いる」という事実を想定し（※3），②こうした事実が存在しないこと（※4）を確認し指摘することで，被告主張の不自然性を浮き彫りにしています。「なかった事実」「してなかった事実」を質問者が提示する，というスキルです。また※3で「やろうと思えばできましたね」というスキルを用いています（→§120）。

【事実のレベルを具体化して聞く】【同意を求めるな】
【やろうと思えばできましたね】【なかった事実をえぐり出す】

9 「仮定」質問をしない

§62 仮定質問とは

一般に，存在しない事実を仮定した質問をすることは認められません。異議事由としては，質問内容により，訴規115Ⅱ①（証人を困惑させる質問），同⑤（意見の陳述を求める質問）又は⑥（証人が直接経験しなかった事実についての陳述を求める質問）ということになるでしょう（→異議事由§36）。例えば，以下のようなケースです。

Q：もしあなたが現場にいたら，Sさんに会っていたのではないですか？
A：異議！　仮定の質問です。

§63 〈もし～どうするつもりだったの〉ケース21

では，「仮定の質問」について，もう少し微妙なケースを検討してみましょう。保証債務の履行請求訴訟で，〈原告：債権者，被告：保証人，主債務者：被告の息子A〉，とします。主債務者Aは被告側証人として「自分が父親の印鑑を冒用して保証人欄に父親の印を押したもので，父親は保証契約をしていない」と主張している事案において，原告代理人としてAに対し反対尋問を行うケースを想定します。

【ありがちな例】
Q：あなたが，保証人欄にお父様の署名押印のある金銭借用証書を原告に渡したのですね。

A：はい。
Q：その時に，もし原告から「お父様に会って意思確認したい」と言われたらどうするつもりだったのですか。※1
相手方代理人：異議！　仮定の質問です。
Q：いえ，証人の当時の認識を聞いているもので，仮定の質問ではありません。
相手方代理人：原告からそのようなことを言われたという経験はしていないのだから，経験していないことを仮定して聞いています。
Q：えーと……。

本ケースは，〈α：父親に無断で借用証書を作成して原告に交付した，β：原告に交付する際に父親への意思確認を求められたら困ると心配していたはず，ところが，そのような心配をしていなかった＝父親も承知のことであろう〉という第２パターン（→§５）が現れることを狙ったものです。事案としては，原告はAを信用して父親への意思確認を求めないで貸してしまったのですが，Aが冒用していたのなら，父親本人に意思確認したいと言われた場合，どう取り繕うつもりだったのでしょうか。この狙いで聞いた場合，Aがしたたかな証人なら「心配していました」と言うかもしれませんが，その場合は深追いしないでこのトライは終えた方がよいでしょう。一方，Aが「心配してませんでした」と答える場合，無断作成したという主張と整合しません。またAが言いよどめば，信用性を低下させることが一定程度可能になります。

しかし，※１で，不用意に「もし」という言葉を用いたため，相手方の異議を誘発して質問が不発に終わりました。これが「仮定の質問」に当たるかどうかは微妙なところで，相手方代理人のもっともらしい理由説明に対して，「当時，そのようなことを考えていたか否か」という証人の認識を聞いているのだから異議事由には当たらないとの反論が可能ですが，「もし」という表現が「仮定」とつながりやすいので，異議を招いている面があります。

反論は可能としても，急に出された異議に直ちに切り返しを行うことは事実上難しく，反論していると時間を浪費するので，極力，異議を誘発しない尋問を心がけるべきでしょう。

例えば，以下のように工夫することが考えられます。

【工夫例】

Q：あなたが，原告事務所に行って，金銭借用証書を原告に渡した時のことをお聞きします。その時，あなたは，お父様が保証人になることによって原告がお金を貸してくれるだろうと考えていたのですか。

A：そうです。

Q：その前提として，原告はあなただけだと不安でお父様の保証が必要と考えていたということですね。※2

A：はい。

Q：それで，お父様の署名押印のある金銭借用証書を事前に準備して行ったということですかね。

A：そうです。

Q：では，原告から「お父様に会って意思確認したい」と言われたときどうするか，考えて行きましたか。※3

A：え，それは……。

Q：原告は，あなただけだと不安でお父様の保証が必要と考えていたということでしたね。

A：はい……。

Q：だったら，あなたは，原告から「お父様に会って意思確認したい」と言われたらどうするか，考えて行ったのではないのですか。

A：……。

Q：終わります。

【工夫例】では，全体を通じ，※１と同内容について，「もし」を用いないで質問をする工夫をしています。「原告が主債務者の信用状態に不安を抱いていたこと」（※２）を固めておき，※３「原告が，被告（保証人）に意思確認したいと言う」ことを，原告方に行く前に考えて行ったか否かを聞いています。仮定質問だと異議を出されたら，「その時に証人が当該考えを抱いていたか否かという，経験した事実の有無を聞いている」と答えることになるでしょう。

10 深追いしない――引き際が肝心

引き出した成果を更に確認する質問に対し肯定の回答があるときは調書に有利な結果が残りますが（→§103参照），反面，事態に気付いた回答者がその質問に対する回答として挽回を図りせっかく獲得した成果を台無しにしてしまうケースも多いものです（→§50，§52，§92，§96，§98，§108，§111の各【ありがちな例】）。

§64 〈意地悪で1000万円なら売ってやる〉ケース㉒

反対尋問の中で，証人から予想外に，有利な供述が出てくることがあります。このような回答が出たとき，質問者は，つい「もう少し引き出せるかも」という思いから，更に突っ込んだ質問をすることがあります（例→§57，§98）。しかしこのようなとき，突っ込んだ質問をしたために，かえって言い直されたり曖昧にされたりしてしまい，せっかくの有利な回答が減殺されるという事態がよく起こります（なお，このような場合には，相手方代理人が，再主尋問において，信用性を回復する措置を講じることが多いといえますが（→§130），その点はやむを得ないことですから反対尋問においては特に考える必要はないでしょう）。

例えば，以下のようなやり取りです。

【ありがちな例】

Q：あなたは，登記を得た後に，Sに対して「1000万円なら売ってやる」，とおっしゃっていますね。

A：うん，わしは意地悪で1000万円で売ってやると言ってやったがね。

Q：「意地悪で」，つまり，Sを困らせてやるというような意図で言ったのですね。[※1]

A：あ，いやいや，意地の悪い言い方をしたというだけで，Sを困らせようという意図はないし，別に高い価格でもないからSは全然困らんはずだ。[※1']

回答者Aの背信的悪意の有無が問題となっているような事案であれば，「意地悪で」という，主観的な害意を裏付ける回答はとても重要です。質問者は，更に確実にしようとして質問を加えたところ，かえって※1’のように害意を否定するような回答が出てきてしまいました。

このような場合の対処法の一つとして，質問者が自分でその有利な回答を確認して法廷（調書）に残しつつ，言い直しの機会を与えないよう尋問を切り上げるという方法も有効です。具体的には以下のように【ありがちな例】※1の代わりに※2を聞くものです。

【工夫例】

Q：あなたは，登記を得た後に，Sに対して「1000万円なら売ってやる」，とおっしゃっていますね。

A：うん，わしは意地悪で1000万円で売ってやると言ってやったがね。

Q：なるほど，意地悪で売ってやるとおっしゃったとのお答えを受けましたので，次の質問に移ります。※2

この場合，相手方代理人としては，再主尋問において，【ありがちな例】※1’のような回答を引き出すため「反対尋問の中で，『意地悪で』とおっしゃいましたが，Sを困らせるつもりでおっしゃったことですか，それとも言い方が意地悪だったというくらいの意味でしょうか」などと再主尋問を行うことになるでしょう（→再主尋問§130）。

【念押しの功罪】【深追いするな】【確認し直すな】【有利な供述が出たら】

11 不適当な言葉による質問

反対尋問では，質問者に対してあからさまに敵意を示してくるケースもあります。そのような場合は，淡々と必要な質問を続ければよいのです。こちらも敵対心をむき出しにしがちですが，それは有害無益，かつ代理人としての品位を損うものであり，無用に証人の敵意を煽るような質問をすべきではありません。

また，回答者のプライバシーにかかわる質問は，異議事由にもなります。

§65 〈敵意を示された〉ケース㉓

Q：参考までに聞きますが，あなた，これまでに詐欺罪の前科がありますよね。この裁判でも嘘をついているのではないですか。
A：……その件は関係ないでしょう！　失礼な！

質問者としては「この証人が信用できない」ことをアピールしようという意図なのでしょうが，そもそも，通常は過去の前科を理由に直ちにその証人の信用性が減殺されることにはなりませんし，前科は個人にとって重大なプライバシーであることからすると，こうした質問は極めて不適切で名誉・プライバシー侵害の問題も生じます。相手方代理人の立場であれば，直ちに異議を出すべき局面です。

Column　【言葉として「嘘」とは言わない】

上記例では面と向かって「嘘をついている」と言っていますが，避けるべきでしょう。更に，次の観点から「おかしくないですか」「矛盾してますよね」と言うことも原則必要ないと感じます。あなたがそのように言葉として言ったからといって，判定者がそう感じるわけではないので益はなく議論になり時間を浪費する点で害があります。あなたが言うのでなく，判定者が部屋に戻って「あの証人は嘘つきだな」と独り言を言わせるように尋問できるとよいのです[*50]。

ここまで極端ではなくても，以下のようなケースはどうでしょう。

Q：参考までに聞きますが，兄弟の仲が悪かったということはありますか。
A：そんなことはない。この件と何か関係がありますか！

民事では，人間関係の機微があり，兄弟の仲がよかったのか悪かったのか程度でも激しい反発を買うケースもあります。争点と関係が薄いならば，こうした質問はしない方がよいでしょう。

---

*50　Shane Read［2020］149pのGirardi弁護士の言葉参照。

しかし，ケースによっては，兄弟の仲のよし悪しが間接事実として意味を持つ場合，こうした質問をせざるを得ないことがあります。その場合，例えば以下のように，聞き方の工夫があります。

Q：その当時兄弟の仲が悪かったということはありますか。
A：そんなことはない。この件と何か関係がありますか！
Q：感情を害したとすれば申し訳ありません。ただ，本件では，請求原因である保証契約の成否に関係する事情ですから確認のためにお聞きします。その当時兄弟間で親密に打ち合わせをするような関係であったかどうかをお答えくださいますか。※1
A：そんなことあんたに話す必要ないだろう！
Q：分かりました。お答えを拒まれるということですね。※2
A：……。
Q：ではお答えがないということで，次の質問をさせていただきます。※3

※1で「請求原因」との関係をあえて説明することで，質問に正当性があることを説明しています。なお，「仲がよい，悪い」という質問は，事実ではなく評価を聞く質問なので，本来はあまりよい質問ではありません。上記の例では，「親密に打ち合わせをするような関係であったかどうか」という，事実の存否に引き直して再質問しています。なお，「親密」も多分に評価が入りますので，打ち合わせの回数や態様などの事実関係に即した質問ができる方がよいでしょう。

そして，上記の例では，再度，回答を拒否されていますが，争点と関連ある質問に対する回答拒否は，質問者にとって悪い結果ではありません。この点を確認して次に進むことで反対尋問としては成功だと思います。

※2ですぐに「お答えを拒まれるということでしたら次の質問にいきます」（初版）の方がよいケースもあるでしょうが，※2の問いに対する答えを待って，沈黙された場合にその1行を調書に残して，※3のように沈黙に対する対応を行うという展開もあります。

【事実の存否に引き直す】【沈黙の処理】

Column　【「参考までに聞きますが」という前置き】

「聞きたいことの核心ではないけれども一応聞いておく」というニュアンスの言葉で，伏線を張る質問で回答者に質問者の意図を悟られないようにしたい（警戒させたくない）ときに用いることがあります。そもそも事案と関係性の乏しい質問はすべきではないので，あまり多用はせずポイントを絞って使う意識があるとよいと思います。

§66　〈プライバシーにかかわる質問にならないようにする〉ケース㉔

証人のプライバシーにかかわる事項は異議事由になり得るものですから（→§36），異議により止められないように注意し，別の質問により同じ目的を達することができないか検討すべきです。

証人Aは，本件自動車の購入を否認している。一方で，「Aが自宅車庫のほかに駐車場を借りている」という事実がある。そこで，Aに対する反対尋問において，質問者は，Aが本件自動車を購入したことを推認させる事実として，「当該駐車場は本件自動車のために借りたものであること」を示そうとしている。

【ありがちな例】	【工夫例】
Q：乙1号証・通帳を示します。あなたの預金口座から毎月○日に○円の引き落としがありますが，これは，あなたが駐車場を借りているということでしょうか。 A：はい。 Q：この駐車場に，本件自動車を駐車しているのではないですか。	Q：乙1号証・通帳○枚目を示します。あなたの預金口座から毎月○日に○円の引き落としがありますが，これは，あなたが借りている△△の土地の駐車場代でしょうか A：はい。 Q：この駐車場に，本件自動車を駐車しておられますか。

A：いいえ。	A：いいえ。
Q：えっ，おかしいじゃないの。	Q：では，借りた駐車場に何を置いているのですか。
A：本件自動車でなくて，元々持っている私の車を置いているんです。	A：本件自動車ではなくて，元々持っている私の車を置いているんです。
Q：だって，あなたの自宅にも駐車スペースがあるんでしょう。何のために借りてるんですか。※1	Q：あなたの自宅にも駐車スペースがありますよね。※3
A：そうですが，借りている駐車場は，友人の家の近くにあるんです。友人の家の近くにはコインパーキングもないので，その友人の家に車で行くときのために借りてるんです。※1’	(同左) ※1’
Q：その友人とは誰ですか。※2	Q：その友人の家には，どれくらいの頻度で出掛けるのですか。※4
A：プライベートなことですから言いません。	
Q：いや，あなたの話が疑わしいから聞いているのです。	A：月に，１回か２回くらいです。
被告代理人：異議！　プライバシーにかかわる質問で，本人は答えたくないと言っています。	Q：あなたの自宅から，あなたが借りている△△の駐車場までどれくらい離れていますか。※5
Q：……。	A：……２キロメートルくらいですかね。
裁判官：そうですね。原告代理人は質問を変えてください。	Q：そうでしたら，タクシーに乗ったとしてその地域では，ワンメーターで着くくらいの距離ですね。※6
Q：思いも寄らない答えだったので……（その先は考えてなかったなあ）	A：まあそうですね。

※1’は不合理な弁解であり，これが予想されるときに，【工夫例】はこの点の弾劾を考えて準備した例です。

【ありがちな例】※2は，友人の名前や関係などを具体的に尋ねることにより証言の信用性をチェックしようとしていますが，証人の交友関係はプライバシーに関する事項であるため，抵抗され，また異議により止められる可能性を考えておくべきです。

【工夫例】※4※5では，プライバシーの問題で止まった【ありがちな例】の流れを避けて，客観的な事実に限定して，弁解が経済的に不合理であること（駐車場を借りるよりその都度タクシーに乗った方が安い）の指摘を試みています。持ち時間によりけりですが，タクシー料金との比較などは，後に準備書面により主張すれば足りるのでここでは質問していません。ただ，このような質問に対し，相手方が，「頻繁に行っていた」（だから駐車場を借りても元が取れる）旨の弁解をすることも考えられます。その場合には，単なる友人関係で頻繁に友人宅を訪れることの不自然性を浮き上がらせるような質問を続けられればよいでしょう（そのためには事前調査が必要です）。

また，※5は事前に調べることが可能ですから，尋問に先立ち調査を行い，距離が客観的に分かる地図等を用意しておくとよいでしょう（証人が事実と異なることを述べた場合に弾劾証拠として示すため）。※6は「ワンメーター」という言葉を調書に残すためのものであり（地域によって異なるので事前調査が必要です），1回当たりのタクシー料金の目安を少し具体的にイメージしてもらうことを目的としています。

細かい言葉の問題ですが，※3の質問で「あなたの自宅には」と聞くことも考えられます。「は」と「も」にはいずれも一長一短があるので（「は」は注意を喚起しやすい），どちらでも構いませんが，尋問メモを作るときには，「は」がよいか「も」がよいか，一語の選択まで考え抜くべきです。「は」「も」一語も恐るべしです。

【異議で止められないように】

第三　更に工夫しよう（「3大しよう」その他の工夫）

基本的な「べからず」の後に，以下いくつかの「しよう」をまとめます。まず，「3大しよう」で，その後に順序と準備の例を示します。

【3大しよう】

①一文一意／一問一文で問おう 例→§56，§57　反面教師例→§114，§120

②質問を短く，発問を「一字でも」削ろう←時間消費を極小化する　例→§70，§91

③調書に「よい語」を残そう⇒質問の発語で「間接事実の提供」を意識　例→§68，§71

12 ①　一文一意＝シングルクエスチョンにする

§67 「一文一意」，「一問一文」の必要性

問いは，一つの具体的な事実を認めさせるだけの，シンプルで言い逃れのできないものにすべきといえます。一つの質問に二つの問いを含めた場合（例→§56，§57），また長い前提を加えている場合（例→§114），往々にして，裁判官を始めとして聞いている者にとってその質問の意味が分かりにくくなってしまいます。また，質問者としても，回答者が，いずれの問いに答えるか予測がつかないのですから，証人のコントロールができなくなるという弊害があります*51。分かりやすくすることにより時間の浪費を避け，裁判官への訴求力を高めることになります。

更に，「AとBがありましたか」という質問に対して，真実はBが存在したとしても，Aが存在しない場合，回答者が「ありませんでした」と答えることは，論理的には嘘をついたことにはならない，というような問題点もあります。そこで，

*51　日本弁護士連合会「法廷弁護技術」136p以下［高野隆執筆部分］でも，刑事事件における証人尋問の例であるが，このような弊害を指摘して，一つの問いには一つの事実だけを含めるべきとしている。民事事件でも同様のことがいえる。

> 「Ａはありましたか」
> 「いいえ」
> 「ではＢはありましたか」
> 「……はい」

このように，分けて問うべきなのです。どう分けるかというと，一つの質問は原則として一つの文（つまり「。」で切る文）にします（「一問一文」）。そして，一つの文には原則として，一つの「はい・いいえ」で答えられる内容を入れるのがよいのです（「一文一意」）。

§68 〈借用証は形だけ〉ケース㉕

<table>
<tr><td colspan="2">貸金返還請求における被告Ａ（借主）が，「借用証は方便であり形だけのもの」と貸主から言われたから応じたと主張して消費貸借を否認する場合において，Ａに反対尋問を行うケース。</td></tr>
<tr><td>【ありがちな例】
Ｑ：あなたは，なぜ事実に反する借用証を作らなければならないのかとか，その借用証を誰が保管するのかとか，借用証に関することを貸主に問い質したのですか。[※1]
Ａ：多少は聞いたと思いますが，はっきりとは覚えていません。</td><td>【工夫例】
Ｑ：あなたは，貸主に，なぜ事実に反する借用証を作らなければならないのか，その理由を具体的に聞きましたか。[※2]
Ａ：聞いていません。
Ｑ：では，そのような借用証を誰が保管することになるのか，聞きましたか。[※3]
Ａ：……それも聞いていません。</td></tr>
</table>

本ケースは第２パターンの弾劾（→§５，§16）として，α「借用証は形だけ」と言うならば，通常はβ「なぜ事実に反する借用証を作らなければならないのか理由を聞く」はずである，ところが証人は聞いていないことの顕出を目的としています。

【ありがちな例】※１は「一文一意」に反しており，前半の質問を後半の質問で自ら減殺しているに等しいものです。また「借用証に関することを」聞いたかとの質問は，「に関すること」という内容的オープン度が高く（→§45），しかも漠然とした質問なので，回答者が曖昧戦略で上手に「一応聞いた」状態を顕出することを許しています。「逃げを許す」よくない質問です。

【工夫例】※２及び※３は，クローズドな質問（→§44）ですが，「聞いたと思いますが」というような曖昧な答えを許さないために，「……その理由を具体的に聞いたか」，また「誰が保管するのか」というように質問の輪郭を鋭くしています。「鋭い」という意味は，「聞いたと思います」と答えた場合には，「では，どういう理由を述べていましたか」「それは誰ですか」という質問が控えており，曖昧な答えの次にもっと鋭い追及がある，という力を持った質問だということです。それにより，「聞いていません」という回答が得られる可能性が高くなるのです。その結果，「βでない」事実として，(i)理由を聞いていない，(ii)保管場所を聞いていない，という二つの，「なかった事実」を顕出することができています。

【一文一意】【曖昧戦略を許さない】【なかった事実をえぐり出す】

§69 〈と言っていたのはいつの話ですか〉ケース㉖

分かりやすい質問にするためには，形式的に「一文一意」にすることだけでなく，時点や人物の要素を複数含まないようにすることが有用です。

例として，以下のようなケースを見てみましょう。

【ありがちな例】

Q：あなたが2018年９月頃にＳさんに売却したという車について，Ｔさんから問い合わせがあった2017年10月頃よりも前にＵさんから問い合わせがあったとＶさんが言っていたとのことですが，それはいつですか。

Ａ：……。

裁判官：代理人，質問内容が複雑過ぎるので，質問を変えてください。

この質問は，Ｓへの売却，Ｔ及びＵからの問合せ及びその時期，Ｖの発言などを一つの文で聞こうとしているため（→「一文一意」にすべき），非常に分かりにくくなっています。裁判所から質問のやり直しを求められたり相手方から異議が出され（→§36），時間の浪費になります。時点が複数，かつ言動の主体が複数いる場合は難しいものです。同じ内容を質問するのであれば，例えば，以下のように工夫することが考えられます。

【工夫例】

Q：あなたがSさんに売却した車のことを伺います。この車はあなたが2018年9月頃にSさんに売却したのですよね。

A：はい。

Q：この車については，Tさんからも，2017年10月頃に問い合わせがあったのですよね。

A：はい。

Q：この車について，Uさんからも，Tさんに先立って問い合わせがあったのですよね。

A：はい。

Q：TさんとUさんから問い合わせがあったことについて，あなたはVさんから聞いたのですよね。

A：はい。

Q：あなたがVさんからその話を聞いたのはいつですか。

A：2018年1月頃です。

このように，質問に含まれる要素を考慮して，事項ごとに「一文一意」にすることにより，かなり質問が分かりやすくなります。

【一文一意】

13 ② 短い質問にする

§70 一文字でも質問を短くする工夫

尋問では持ち時間が決められていますが，我が国の民事裁判の実情としては十分な時間がないことが通常ですから，尋問事項を考える際に，徹底的に時間の節約を考える必要があります。学生に模擬裁判をさせてみると，「質問させていただきます」「～ということでよかったでしょうか」というような冗長な発語が目立ちますが，実務では一文字分でも発語を短くできないか，文字どおり心身を削って尋問メモを考えます（また，「よかったでしょうか」と聞くと考えさせてしまう副作用もあります）。ただし，丁寧さを失してはいけません（この点は§45-2も参照）。

上記の例は「京野から伺います」「～ということですね」でよいのです。

また，ほかにも「思いつかなかったのですか」→「思いつきましたか」（否定形より肯定形），「あなたの自宅」→「ご自宅」（話しかけているのだから「ご」一語で特定できます）などで短くできます。

固有名詞や専門用語について，正確に発語して調書にも正確に残すことが必要です。しかし，一文字でも削りたいところです。そこで，略称を用いる等の方法が考えられますが，これをやり過ぎると調書の正確性が損なわれるという問題があります（固有名詞などは，できるだけ正確に調書に残したい）。

そこで，これらのバランスを取る意味で，初めて質問する際に略称定義をしたり，定義までしなくとも最初に正確な表現を用いて後は文脈から同一性が分かる程度で略称を用いるという方法があります。§71の※４で最初に「Ｓ株式会社」と言い，以後は「Ｓ社」という言い方をしているのはこうした考慮に基づくものです（→§91も同様）。

【短い質問にする】

14 ③　質問により間接事実の見え方を提供する

§7で触れたように，反対尋問の目的（→§3）③として，主尋問までに顕れていない間接事実（その表現）を引き出すことを考えます。

§71 〈契約書を作るべきでしょ〉ケース㉗

消費貸借契約書が存在しないにもかかわらず貸金返還請求を行う原告Aに対して反対尋問を行うケース。被告代理人は，消費貸借契約書が存在しないことの不自然さを追及したい。

【ありがちな例】	【工夫例】
Q：あなたは，被告との間で消費貸借の契約書は作成していないですよね。	（同左）
A：はい。	
Q：普通，400万円もの高額なお金を貸したのであれば，消費貸借の契約書を作るのではないですか。※1	Q：あなたのご職業ですが，S株式会社にお勤めで，経理をなさっているとのことですね。※4
A：私はそうは思いません。当時，私は，親の相続等でまとまった収入があり，400万円はそこまで大きなお金ではありませんでした。また，被告との間では信頼関係があったし，振込記録でお金の流れは分かるので，契約書はいらないと思いました。	A：はい。 Q：S社では，銀行から融資を受けたりする際に，当然，契約書を作りますよね。※5 A：……はい。 Q：S社でのお給料ですが，月額でどれくらいですか。※6 A：手取りで30万円くらいです。 Q：そうすると，あなたが被告に

Q：……でも，400万円って大金ですよね。[※2] A：先生にとってはそうかもしれませんが，人それぞれだと思います。 Q：……いくら信用のある相手でも，やはりお金の貸し借りだったら契約書を作るべきではないですか。[※3] A：これも，先生がどうお考えになるかは分かりませんが，私は，被告との関係では不要だと考えたまでです。	貸したとおっしゃる400万円は，あなたの年収程度ということになりますかね。[※7] A：……そうなります。

【ありがちな例】の※１～３では，①400万円という「高額」な金銭の貸付けならば，②契約書を作成する「べきだ」（「普通」～でしょ），という二つの意味で，質問者の評価を押し付け，議論になってしまっています（「議論をするな」→§57以下）。

【工夫例】では，①「消費貸借に際して契約書を作成することが，Ａの認識としても当然である」との事実（※４～５），②「400万円がＡにとって高額である」との評価につながる客観的事実（※６～７）を引き出しています。※７のように原告にとっては「年収程度」という「事実の見え方」を示し調書に残すことは，裁判官の事実認定につながります。Ａ主張の不自然な点については，このようにして引き出した事実を元にして，後の準備書面により主張すればよいのです。

なお，最初に「Ｓ株式会社」と言い，以後は「Ｓ社」という言い方をしているのは一字でも短くする工夫です（→§70）。

【議論をするな】【見え方を提供する】

15 聞く順序を工夫しよう

聞く順序を間違えるとせっかくの攻め手が功を奏さないことになります。「聞く順序が全て」というくらい順序が大切です（→§91も参照）。そこで，尋問メモを作る過程では，何度も何度も「この質問とこの質問はどちらが先でなければならないか」自問自答することになります。

§72 〈すぐに発送しなかった〉ケース㉘

> 質問者は，売主である回答者の主張どおりなら，売買契約後に発送まで１週間以上を要している事実は不自然であるという間接事実を指摘して，売買契約がなかったことの認定のプラス要因にしたいと考えている。

【ありがちな例】

Q：2018年６月１日にクローゼットの売買契約がなされているのに，なぜ１週間以上も経過してからクローゼットを送っているのですか。※1

A：運送会社に頼むのを忘れてたんです。

Q：クローゼットの売買契約が成立してそのクローゼットを送付する場合，普通なら，契約後，翌日とかに運送会社に依頼するのではないですか。※2

A：大体は翌日か数日後になりますが，荷造りに手間取ったり休みが入ったりすると１週間過ぎになることもあります。

Q：あなたは，家具屋でしょう。発送に１週間も手間取っていたら商売にならないじゃないですか。※3

A：うちは大きな家具屋じゃなく私一人でやってるので，そういうこともあります。

※１は，それ自体不自然ですから，理由を聞くことはマイナスではありま

せん。しかし，「順序」を考えないで最初からストレートに「なぜ質問」したために，質問者の意図を察知して遅れた理由（言い訳）を述べています。※２，※３も，質問者の意見になっており，かえって言い訳を誘発しています（意見を言うな→§57以下）。次のように，「普通はどうか」から聞くとよいでしょう。

【意見を言わない】

【工夫例１】

Q：クローゼットの売買契約が成立しそれを納品する場合，普通なら，運送会社に何日くらいで依頼するのですか。[※4]

A：普通，代金を受け取った翌日には運送会社に依頼をします。[※4’]

Q：本件では，2018年６月１日にクローゼットの売買契約がなされていますね。[※5]

A：はい。

Q：そして，運送会社に発送を依頼したのは，10日後の６月11日でしたね。[※6]

A：はい。

Q：契約日から10日後に発送したわけですが，その間発送ができなかった特別な事情がありましたか。[※7]

A：いやちょっと休みがあったり，手間取ったりしちゃって……。[※8]

Q：あなたは，趣味ではなく，家具屋として商売をされているのですよね。[※9]

A：まあ，そうですが。

Q：終わります。

「順序が全て」であり，※４’の答えを得ることができるならそれを前提にして「後」のパートで※７と聞きたいところです（【ありがちな例】では※７に当たる※１を前に置いてしまっている）。そこで，証人が本件の特殊性に意識が集中する「前」のパートに，「一般的に」，「普通なら」などと聞いてみるのがよいでしょう。ただこれはオープンな質問なのでリスクもあります。予期した回答でなく，１週間かかることもある，などと答えられた場合は【工夫例２】の方を見てください。

本件では，売買契約日，発送依頼日は「動かし難い事実」（→§3）ですが，その場合でも，※５～７のように「具体的事実を調書に表現する」聞き方をする方が効果的でしょう。そのために「一問一文」にしています。

※７のように聞くと，「特別な事情を具体的に述べる負担」を証人に与えることができますが，リスクもあります（→§109）。

※８では，回答者は「曖昧戦略」を取って言い訳をしていますが，次の※９により印象としては質問者に有利なものとなっています。ここで，【ありがちな例】と同様に「うちは大きな家具屋じゃなく私一人でやってるので」という回答をされることもあるでしょうが（それでも一定の効果はあるでしょう），※９は「趣味か，商売か」という二者択一を質問者が設定している質問であり，「商売だ」と積極的に認めた上で「しかし，大きな規模でない」と切り返すためにはとっさの反論力を必要とします。皆が皆したたかに反論するとは限らないと思います。

【順序が全てを決める】【普通を聞いておく】【特別な事情がありましたか】【言い訳を誘うな】

ところで，回答者がしたたかな人物の場合，次の【工夫例２】の※1’のように，最初から「普通」を曖昧にする戦略を採り，布石を打たれてしまうかもしれません。しかし，曖昧にすること自体不自然ですから，したたかな人物でも，そう無茶は言えないことが多いのです。

【工夫例２】

Q：クローゼットの売買契約が成立しそれを納品する場合，普通なら，運送会社に何日くらいで依頼するのですか。[※1]

A：大体は翌日か数日後になりますが，荷造りに手間取ったり休みが入ったりすると１週間を過ぎることもあります。[※1’]

Q：そうですかね？本件では，2018年６月１日に売買契約がなされていますね。[※2]

A：はい。
Q：そして，運送会社に発送を依頼したのは，2018年６月11日でしたね。
A：はい。
Q：契約日から数えて10日目に発送したわけですが，その間発送ができなかった特別な事情がありましたか。[※3]
A：いやちょっと休みがあったり，手間取ったりしちゃって……。
Q：あなたは，趣味ではなく，家具屋として商売をされてるのですよね。
A：まあ，そうですが。
Q：終わります。

※１のように不自然な言い訳が明らかな場合，※２のように「そうですかね？」という疑いの間投詞のような発言を入れておくことがあります。ただし，調書上は反映されにくく（調書に「？」が入らないとすれば「そうですか」より「そうですかね」の方がベターでしょう），基本的には法廷の雰囲気の問題です。回答者に警戒させない方がよい場合には入れません。これは，証人の回答を求めるものではないので，すぐに次の問いを発言します。

この※１’のように普通の前提を曖昧にする戦略を採られた場合でも，契約日から数えて10日目に発送したという客観的事実が不自然な場合は，構わずに，【工夫例１】と同じように※３で相手を押し込んでよいと思います。

（本ケース㉘は，加藤編著「民事訴訟実務の基礎【記録篇】」93p，94pを素材として利用させていただきました）

【疑いの間投詞を入れる】

16 事前の準備が全て

以下，事前準備が活きた例を示します。なお，準備についての手続的知識は→§23以下参照。

§73 〈お風呂の抗弁〉ケース㉙

不貞相手Aを被告とする訴訟でAに対する反対尋問。Aと原告の妻であるSがラブホテルに入った客観的証拠（写真）が提出されているが，Aは，陳述書で「Sの相談に乗っていただけであり，ラブホテルに入ったのはSが昨日から風呂に入れておらずシャワーを浴びたいと希望したからで，やましいことは何もしていない」と反論している。質問者はこれを崩したい。

【ありがちな例】

Q：あなたは，Sとラブホテルに入っていますよね。

A：はい。

Q：ラブホテルに入ったら，やることは一つじゃないんですか。肉体関係を持ったんですね。

A：いえ，Sは，配偶者との関係に悩んでいて，その相談を聞いてあげてたんです。

Q：相談なら，喫茶店に行けばいいでしょ。

A：いえ，Sは昨日から風呂に入っておらず，シャワーを浴びたいと言うので，お風呂に入

【工夫例】

Q：あなたがSとラブホテルに入ったのは，Sが昨日から風呂に入っておらず，シャワーを浴びたいと言ったからというのですね。[※1]

A：はい。

Q：あなたは，Sと肉体関係を持ちたいという気持ちはなかったんですよね。[※2]

A：当然です。ただの相談相手です。

Q：それなら，ラブホテルではなく，まず銭湯や温泉を探したのでしょうね。[※3]

れるところを探したら，ホテルが近くに見つかっただけです。

Q：人の奥さんなんだから，お風呂に入るだけなら，ラブホテルじゃなくて，銭湯に行くべきでしょ。

A：近くに銭湯なんてなかったですよ。

Q：でも，少し移動したり，探したりすれば，銭湯くらいすぐ見つかりますよね。

A：いえ，その後また予定もありましたので，あまり時間の余裕はありませんでした。

■回答パターン「No」の場合

A：いいえ，そこまではしませんでした。

Q：するとあなたは，人の奥さんがお風呂に入りたいと言ったら，銭湯も探さずに，ラブホテルに連れて行くのですね。

■回答パターン「Yes」の場合

A：はい，もちろんです。スマホで探しましたが，近くに銭湯や温泉はありませんでした。

Q：弾劾証拠として，後に提出する甲12号証・地図を示します（弾劾証拠手続）。あなたたちが入ったホテルは，地図上の「甲」と印をした位置ですね。

A：ええ。

Q：地図上の「乙」と印をした位置にスーパー銭湯がありますが分かりますか。

A：……。

Q：地図で分かりますが，甲乙間は半径60メートル内とごく近くですが，本当に探しましたか。

A：……。

Q：お答えがないようですから次の質問に移ります。

本ケースの第２パターン弾劾の構造は§13で説明しています。状況証拠（ラブホテルの写真）は提出済みで，Ａの「お風呂の抗弁」は不自然な弁解ですが，そうかといって決定的な不貞の証拠はないので，要証事実の立証として，一層の工夫が必要になるケースです。

【ありがちな例】では，具体的な弾劾材料がなく，ストレートに認めさせようとしているだけで（意見を述べ議論に→§57以下），時間を浪費しています。

【工夫例】では，※１※２の誘導質問により簡潔に前提を確認した上で（α），※３の一撃につなげています。この質問に対する回答は，Yes か No かいずれの回答が出てきても構わないのです。No，つまり探してないという回答なら，探さないでラブホテルに入ることの不自然さを顕出したことになり，Yesの探したという回答なら用意した弾劾証拠を示すことになります。

「お風呂の抗弁」は不自然な弁解ではあるものの，γの特別事情として周辺に銭湯等がない場合には可能な弁解になります。そこで，相手方の回避行動としてそのような弁解がされる可能性を想定して（→§13にも説明），その弁解が出たら弾劾証拠をぶつけるため，事前準備段階でホテル近辺の銭湯等を調査した上で，地図として証拠化した弾劾証拠の準備をしておくのです。

準備書面や陳述書に記載された事実に関連して，尋問前に徹底的にあらゆる可能性を探って調査して準備することにより（→§23以下も参照），反対尋問のネタを得ることができるのです。ネタは歩いて来てくれません。ダメ元でも，調べないことには始まりません。

【弾劾証拠の示し方】【準備が全てを決める】【意見を言わない】

Column【「虚偽」と書きたくなったら】

準備書面で「Ａは，ラブホテルに入る前に銭湯や温泉をスマホで探したと証言するが，これは明らかな虚偽である」などと書きがちです。しかし，「虚偽」という言葉は故意に嘘をついたという意味を含んだ攻撃的な言葉であることに注意が必要です。準備書面でことさらに攻撃的な表現を使ったからといって，自らの主張の説得力が増すということはなく，むしろ読み手に不快感を与える危険性もあります。また，相手方を必要以上に刺激することで，事案の解決が遠のいたり，懲戒請求を誘発するおそれもあります。そのような言葉を使うことは，「百害あって一利なし」と筆者は考えますが，もし使うならその必要性を厳密に検討すべきでしょう。

そこで，「虚偽」と書きそうになったら，「事実に反する」と書き換えるように意識するとよいでしょう。ケース㉙なら「Ａは，ラブホテルに入る前に銭湯や温泉をスマホで探したと証言するが，これは事実に反する。なぜならば……」のように書くことが考えられます。

§74 〈1000枚の紙幣の厚みは？〉ケース㉚

回答者Ａは，現金で700万円を海外に持ち出して，現地通貨に両替してＳに支払ったと主張しているが，質問者はそのような事実はなかったことを明らかにしたい。

【ありがちな例】	【工夫例】
Ｑ：あなたは，預かった700万円をバーツに両替して，全額Ｓに支払ったというのですね。	
Ａ：はい。	
Ｑ：700万円というのは，バーツに換算すると200万バーツくらいですね。	
Ａ：はい。	(ここまで同左)
Ｑ：本当にそんなに大金をカバンに入れて持ち歩いて渡しに行ったのですか。※1	Ｑ：あなたはその200万バーツをカバンに入れて持ち歩いてＳに渡しに行ったということですね。※2
Ａ：はい。	

Q：でも，タイでそんなに大金を持ち歩くと危険ですよね。 A：いえ，もう慣れていますので。	A：はい。 Q：200万バーツはどれくらいの分厚さでしたか。 A：（指を動かして）これくらいでした。 Q：ちょっと待ってください，今指で示されたこれくらいとは，大体5センチくらいですかね。※3 A：はい。 Q：5センチくらいの厚さのバーツ紙幣をSに手渡したのですね。 A：はい。 Q：5センチくらいの厚さの札束というとそれなりの重みかと思いますが，そのときの札束の重みとか感触まで覚えていらっしゃいますか。※4 A：覚えてますとも。 Q：感触まで覚えてるんですね。ところで，当時のバーツの最高額紙幣は1000バーツ札でしたね。※5 A：……ええ。

【ありがちな例】では，カバンに入れて大金を運んだというやや不自然な証言があるものの，事前調査が不十分であるため，攻めるネタがありません。また※1の「本当に」は疑いを向ける言葉ですから，警戒させないで誘導したい段階では避けるべき言葉です（→§110）。【工夫例】※2のシンプルな

前提の作り方と比較してください。

準備として，相手方のストーリーのとおりだとこうなるはず，という具体的な状況を「映画を再生するように」想定してみて，疑問点を見つけて，反対尋問のネタにすることがセオリーです。最近は，インターネットから得られる情報量も多く，事前準備は様々に行えるはずです。本ケースでは，現金を渡しに行く場面を具体的に想像したとき，100万バーツがどれくらいの量になるのか疑問に感じて調査しておけば，その具体的な札束のサイズをネタとして質問することができそうです。

【工夫例】※３は挙動を調書に残すための質問です（→§42「調書に残す」)。※４は札束の厚みを客観的事実に反して小さく証言したので，この「砂上の楼閣」を利用して、更に具体的なＡの「感触」として覚えていると語らせています（砂上の楼閣を太らせる)。※５は「感触」を「オウム返し」して活かしています。

【工夫例】の続きは，例えば次のように聞くことができるでしょう。

Ｑ：200万バーツだと，1000バーツ札が2000枚ですね。
Ａ：……ええ。
Ｑ：2000枚の1000バーツ札だと厚さは20センチを超えますが，先ほどは５センチくらいの厚さの札束を渡したとおっしゃっていましたね。※6

※６の質問に対してＡが曖昧な受け答えをするならば，それまでのＡの証言の信用性を低下させるので，一定の成果が得られたとしてこのトライを終えてよいと思います。

ただ，※６の質問に対しては，誤導質問であるとして異議が出されることが十分予想されます（誤導質問→§18)。すなわち厚さが20センチを超えるという前提事実はそれまでに顕出されていないので，いきなり前提にして質問すると広い意味の誤導になります。ただ，同事実は客観的事実なので*52，時間をかければ誘導できるものですから，異議が出されないで※６の質問に対しＡが否定するか曖昧な態度を示す場合，及び異議が出された場合には，「Ａさんは200万バーツの厚さ５センチ程度のお札をＳに手渡したと証言さ

---

*52　事案は過去の事例を再構成したものであり，現時点での客観的事実かどうかは確認していない。

れましたが，その証言の信用性弾劾のため，厚さが20センチ程度になることを示す証拠を示したいと思います」などと言って弾劾証拠を提示することが考えられます（手続→§32）。提示が許されたら「バーツの最高額紙幣は1000バーツ札でしたね。先ほど5センチほどの札束の感触を覚えていると証言しましたね。2000枚のバーツ札の厚みは約20センチになること，分かりますか」などと質問することになるでしょう。

法廷で証拠を示す必要がなかった場合，用意しておいたバーツの最高額紙幣が1000バーツである事実，2000枚のバーツ札の厚みを証する書証（もちろん証拠説明書と共に）などを，人証手続が終了し裁判長が弁論終結を宣言する際に提出すればよいでしょう。

【準備が全てを決める】【映画を再生するように】【砂上の楼閣を太らせる】

第 3 部

応用的な反対尋問のスキル

第一　第1パターンの弾劾を深める――直接に矛盾がある場合の手順

1 矛盾がある場合の「決めの手順」はこれだ

§75 〈証拠を後作りしていた例１〉ケース31

矛盾を法廷で示すことが可能な場合の基本的な手順を§10以下で説明していますが，その手順を深めて体感しておきましょう。

相手方Ａは，建物明渡請求の被告である。真実は，Ａは使用貸借として無償で建物を使用していたが，訴訟になると「賃貸借であり毎月賃料を支払っていた」と主張して，何枚かの領収証を提出した（三文判が捺してあるが，原告は押印していない)。乙６号証は，平成20年６月分の領収証（作成日は同月30日と手書きされている）であるが，その市販の領収証の型番は「タカ−24」だった。しかし，同領収証を製造販売しているＳ社に照会したところ，「タカ−24」の製造販売を開始したのは早くとも平成21年４月であり，平成20年６月分の時点では「タカ−24」は存在していないものであった。質問者はその旨のＳ社からの弁護士会照会回答書を得ておりこれを弾劾証拠として用いたい（尋問前までに甲９号証まで提出しているので甲10号証になる予定)。

§76 せっかくの弾劾証拠を殺してしまう例

このケース31において，弾劾証拠を示す際にありがちな反面教師例を示します。「仕掛け」（→§10）を作ることなく弾劾証拠を示したために失敗する例です。

【ありがちな例】

Ｑ：本件は使用貸借なんですが，あんたは，賃貸借契約があったと主張してるんだね。※1

Ａ：使用貸借なんかじゃありませんよ。

Ｑ：だったら乙６号証を示します。賃料を支払ったと言いますが，この領収証は本当のものですか。[※2]

Ａ：失礼な，本当のものです。

Ｑ：ふーん。乙６号証は，虚偽のものじゃないんですか。[※3]

Ａ：何を言ってるんだ。

Ｑ：本当のことを言ったらどうですか。[※4]

相手方代理人：異議。証人を困惑させています。[※5]

裁判長：代理人は質問を変えてください。

Ｑ：では，これを見てください，あのね……（甲10を示そうとする）。[※6]

相手方代理人：ちょっと待って。事前に提出されていない書証は原則提示できませんよ。

裁判長：それは何ですか。

Ｑ：すみません。弾劾のための書証です。

（裁判官，相手方が閲読し，しばらくあって示すことを許した）

Ｑ：えー，では，改めてお聞きします。甲10号証を示しますが，「回答」欄には「型番『タカ－24』の製造販売を開始したのは早くとも平成21年４月です。」と書いてありますね。[※7]

Ａ：書いてあることは分かりますが，それがどうかしましたか。

Ｑ：何を言ってるんですか。領収証の日付は平成20年６月でしょ。

Ａ：ああ，そういうことですか。確かに，領収証の中には日付を書き忘れていたものがあったので，後で日付だけ書いたものもありましたが，そのときに書き間違えたのかな。[※8]

Ｑ：じゃあ，後で書き入れた，つまり変造したことを認めるわけだね。

Ａ：いえいえ，日付を書き忘れていた領収証の中でたまたま書き間違ったものだったんじゃないかと思います。

Ｑ：すると原告は日付が空白なのにハンコを捺したと言うのですか。[※9]

Ａ：はい。そんなこともあったかもしれません。別におかしなことじゃないと思いますが。

【ありがちな例】では反面教師性を少し誇張していますが，せっかくの弾劾証拠があるのに伏線を張らなかったがために，失敗した例で，そのほかにも弾劾証拠の示し方について陥りがちな問題点を示しています。

※１：不要な前提が含まれていますし，ぞんざいな口調は百害あって一利なしです。

※２：不要な前提，かつ，「ストレートにぶつける質問」です（→§54参照）。

※３：同様に，ストレートにぶつける質問です。

※４：「虚偽」は不必要に感情を刺激する質問です（この点§73も参照）。「虚偽ではないですか」というストレートな発問を使わないで，次の【工夫例】のように，目的を達する尋問を考えます。

※５：困惑させる質問に対する異議です（→§36）。

※６：〈弾劾証拠の示し方〉→§78などを参照してください。

※７：証人にたっぷりと検討する時間を与えてしまいました。

※８：前提を固めないでいきなりタマをぶつけたことから，うまく逃げられてしまいました。

※９：確かに疑問は残りますが，※８で言い訳されているので，もはや決定力がありません。

【弾劾証拠の示し方】【ストレートに聞かない】

§77　「肩入れ」させて，逃げ道を塞ぐ

次に，工夫例として，前提となる「仕掛け」の「甲」（→§10）を確実に作るため，回答者を「甲に肩入れ」させて逃げ道を塞ぐ聞き方を示します。

【工夫例】

Q：あなたは，賃貸借契約に基づいて本件建物を使用していたと主張されるのですね。[※1]

A：はい。

Q：そして，無償ではなくきちんと賃料を支払ってきたとおっしゃってるのですね。[※1]

Ａ：はい。

Ｑ：乙６号証・領収証を示します。あなたは，賃料を支払った証拠として，この裁判に乙６号証ほかを提出していらっしゃるのですね。[※2]

Ａ：はい。

Ｑ：乙６号証には，平成20年６月30日という日付が書いてありますが，この日付は原告が，その日に書いた字なのですか。[※3]

Ａ：はい。

Ｑ：乙６号証のその他の記載も，全て原告が，平成20年６月30日に書いたものですか。[※4]

Ａ：そうですよ。

Ｑ：この領収証は○○社製の市販のものですが，原告が準備していたものですか。[※5]

Ａ：はい。

Ｑ：このハンコはどこでも売っているありふれた三文判のようですが，あなたが勝手に捺したものではないのですか。[※5]

Ａ：失礼な，そんなことはしていません。

Ｑ：再確認しますが，原告が内容を記載し，ハンコを捺してあなたに渡したときに，領収証の内容は全て書かれていたのですか。[※6]

Ａ：もちろんです。

Ｑ：後から書き入れたりしてませんか。[※7]

Ａ：何言ってるんですか，そんなことはしてません。

Ｑ：そうすると，乙６号証に原告のハンコを捺してもらったとき，平成20年６月30日という日付も書かれていたのですね。[※8]

Ａ：もちろんです。

※１：この二つの問いは必須の質問ではありませんが，事実認定者が，尋問の現場，あるいは後に調書を読む際に事案（ここでは，弾劾されるべき相手方の主張）を把握しやすくする質問です。

※２：「仕掛け」（→§10）の土台（Ａが乙６の提出に直接関与した）を作る質問です。

※3：仕掛け（乙6の日付は，その日付に書かれたことをAが認める）を固める質問です。

※4：これも仕掛け（乙6の文言は，その日付に書かれたことをAが認める）を固める質問です。

※5：※8の前提となる誘導質問です。

※6：想定される逃げ道を念のために塞いでおく質問です（→§11）。ここで想定される逃げ道は〈時期を相対化する言い訳＝後に日付を「誤記」したものでした〉というものです。

※7：※6と同じ目的で，「反発を利用して誘導する」質問です。

※8：ダメ押しですが，虚偽の日付という仕掛けにAを明確に肩入れさせるための質問です（ただ，やり過ぎると質問の意図を察知されるおそれもあるため，事案次第で程度問題です）。

ここまでが，回答者を仕掛け「甲」（→§10）に肩入れさせて，「甲」を動かし難い状態に「固める」作業です。こうして，Aは，その領収証用紙が世の中に存在していない時期に受け取ったという証言に肩入れしたので，後に矛盾（弾劾証拠）を突きつけられても，前言を撤回したり言い訳をしたりする余地がなくなります。仮に，そのような態度に出ても，それは合理的なものではないので，決定的に証言の信用性を減殺することになります。「肩入れ」のほかの例は§86を参照してください。

【肩入れさせる】【反発を利用した誘導】

§78　対面の手順

続いて，いよいよ「甲」と矛盾する相手の「乙」とを「対面」させるための手順に入ります[*53]。

【§77　【工夫例】の続き】

Q：弾劾証拠として後出の甲10号証・弁護士会照会回答書を示したいと思います。これは，領収証のメーカーに製造開始時期を照会した回答書です。[※1]

〈裁判長及び被告代理人が内容を読む――弾劾証拠手続〉

*53　このケースでは，乙は証人自身の（別の場所での）供述ではなく客観的な「乙」なので，CCC原則でいう「C②」Creditは必要ない。つまり，「C②」は乙が自己矛盾供述である場合の特殊形である。そして，民事では陳述書の記載内容について行う場合のほかはまず現れないと思われる。

裁判長：はい，どうぞ示してください。

Q：Ｙさん，甲10号証を示しますが，「回答」欄には「型番『タカー24』の製造販売を開始したのは早くとも平成21年４月です。」と書いてありますね。[※2]

Ａ：はい……。

Q：乙６号証を示します。この領収証の型番は「タカー24」ですね。[※3]

Ａ：はい……。

Q：あなたは，先ほどから，この乙６号証の領収証は平成20年６月30日に原告からもらったものだと証言していましたね。[※4]

Ａ：……。

Q：答えられませんか。[※5]

Ａ：……。

Q：お答えがありませんので，○○からの質問を終わります。

※１：書証を示すときは標目も述べます（→§41）。ここでは，弾劾証拠として未提出の書面を示しますので，標目については，最初は正確に述べるべきです（弾劾証拠の提出の仕方→§32）。ただ，その後は適宜，略称を用いるなどして時間を無駄にしないようにするメリハリも大切です。

※２：矛盾との対面です。時間の節約のために，質問者が該当部分を読む方法が原則です。なお，この【工夫例】の大前提として，本件では質問者が事前の領収証の偽造の疑いを持ち，領収証の製造メーカーに照会を行っていたものです。このように，疑問点にかかわる客観的な，動かぬ証拠を確保するという事前準備活動が反対尋問の成否を決めるものです。

※３：矛盾との対面。矛盾の起点「甲」の確認です。

※４：矛盾との対面のダメ押し。ここで尋問を切り上げてもよいでしょう。

※５：ダメ押しの質問であり，先の質問に対し沈黙した場合のみ，この質問を行う場合がありますが，深追い質問はしない方がよいという考え方も有力でしょう。矛盾の顕出ができたら，言い訳を考える機会を与えないため早く切り上げてしまうのが鉄則だからです。一方，より効果

　　的な調書を残すことができる可能性があることから，言い訳がされる可能性が低いと考える場合は※５のようにダメ押しをすることがあります。

対面の仕方について他の例→§84，応用的な例として→§86も参照してください。

【準備が全てを決める】

§79 〈証拠を後作りしていた例２〉ケース㉜

原告Ａが，被告の債務不履行によりＳから代替品の購入を余儀なくされたとして，平成26年３月10日付け売買契約書（甲１）と，同年同月20日作成の領収証（甲２）を提出しました。しかし，消費税率が５％から８％に変更されたのは，平成26年４月１日であるにもかかわらず，その領収証は８％の税率で記載されていました。以下は，被告代理人から，Ａに対する尋問例です。

> 【ありがちな例】
>
> Ｑ：甲２号証・領収証を示します。これは，消費税率が８％で書かれていますね。
>
> Ａ：はい，そうですね。
>
> Ｑ：消費税は，平成26年４月１日に８％になったので，この領収証が作成された時期は，まだ消費税率は５％ですよ。
>
> Ａ：はい。それが何か。
>
> Ｑ：この領収証は，後で偽造したから，消費税率を間違ったのでしょ。
>
> Ａ：紛失していたので，Ｓにも了解をとって，当時の内容を正確に反映したものを，日付を遡って作成したのですが，消費税の記載だけ間違っていたようです。ただ，その誤記を除けば，内容は当時のものと違いはありません。[※1]

【ありがちな例】では，消費税率の点で領収証が偽造されたものである可能性に気付いたところまではよかったものの，その指摘をする前に，領収証（甲２）の作成時期を固めておくことを怠ったため，※１「紛失したので，あとでバックデートして作成し直した」という弁解に逃げられてしまっています。

§80　作成日（甲）を固めて成功する

次に工夫例です。

【工夫例】

Q：甲１号証・契約書を示します。この契約書は，平成26年３月10日付けですが，この日に作成されたのですね。※2
A：はい，そうですよ。
Q：甲２号証・領収証を示します。この領収証も，平成26年３月20日付けなので，平成26年の３月20日に作成されたものですね。※3
A：はい，そうですが。
Q：Ｓが，その３月20日に，金額や宛名を書いて作成して渡してくれたものですね。※4
A：はい。
Q：消費税率が８％と書かれていますね。
A：はい。そうですね。
Q：消費税率が５％から８％に変更されたのは，平成26年４月１日なのですが，そうすると甲２号証は，平成26年４月１日以降に，さらに言えばこの裁判が始まってから事後的に作成されたものですね。※5
A：……。
Q：お答えがありませんので，○○からの質問を終わります。

【工夫例】では，まず※３で，領収証（甲２）の作成時期について，記載された日付に作成したとの証言を引き出しています（仕掛けに食いついた→§10)。そして更に※４で具体的動作を表しています（砂上の楼閣を太らせ，肩入れを深める)。なお，それに先立つ※２の質問をしておくことで，領収証の作成時期についても，契約書（甲１）同様に，記載された日付に作成したと答える流れを作り出している点にも工夫があります。※２の質問の際

「バックデートなど特別なことはなく」などと「反発を利用」して誘導するスキルも使えます（ただし，警戒を強められるリスクもあります）。

以上のとおり，仕掛けを置いて肩入れしてもらうことができたので，※5では，甲と矛盾するタマ（領収証作成時点では消費税率が５％であったこと）をぶつけて，領収証（甲２）が後日偽造されたものであることをあぶりだすことに成功しています。

なお，この例では省略しましたが，消費税率変更日を印象的に示すために，当時の新聞記事等を弾劾証拠としてＡに示すのもよいでしょう。

この例においても，事前の準備が決め手であったことは言うまでもありません。

【肩入れさせる】【矛盾の起点を固める】【砂上の楼閣を太らせる】
【準備が全てを決める】

2 弾劾証拠を示す前に逃げ道を塞ぐ

§81 〈法務局は日曜日は休みです〉ケース㉝

第１パターン（→§4）の弾劾手順（→§10）として，逃げ道を塞ぐ質問例を示します。

<table>
<tr><td colspan="2">質問者は，回答者Ａの陳述書からすると，Ａが，法務局に行ったと主張している日は日曜日に当たりＡが虚偽を述べているのではないかと考えた。そこで，その矛盾追及のために，カレンダーを弾劾証拠として準備して尋問に臨んでいる。</td></tr>
<tr><td>【ありがちな例】
Q：あなたは，平成30年７月28日には，Ｔに会っていますよね。</td><td>【工夫例】</td></tr>
</table>

A：はい，会っています。
Q：登記事項証明書によると，あなたは，平成30年7月31日，Uへの贈与を原因とする所有権移転登記手続をしてますが，その登記手続はどのような方法でしましたか。
A：司法書士の事務所に行って書類を書いて，司法書士がその翌日に法務局に登記申請に行ったと聞いています。
Q：そうすると，7月30日に司法書士の事務所に行ったことになりますね。
A：そうですね。
Q：司法書士の事務所に行く前には，事前の相談や準備をしましたか。
A：はい，法務局に行って登記の相談をして，色々教えてもらった後に，司法書士の事務所に行きました。
Q：弾劾のため，後に提出予定の甲30号証・カレンダーを示します。これは，平成30年7月のカレンダーです。Aさん，平成30年7月29日は日曜日なのですが，司法書士事

(ここまで同左)
Q：司法書士の事務所に行ったのが，30日だとすると，その前の7月29日に法務局に相談に行ったことになりますかね。[※1]
A：はい。
Q：日にちを整理しますが，あな

務所に行ったのが30日とのことですが，その前の29日は日曜日なので，法務局に行くことはできないですよね。何か隠していませんか。 Ａ：いえ。誰も29日に法務局に行ったなどとは言っていません。30日に法務局に行って，その足で司法書士の事務所へ行ったのです。	たは，平成30年７月28日にＴと会い，翌29日に法務局に相談に行き，翌30日に司法書士事務所に行った，こういう経緯ですね。※2 Ａ：はい。 Ｑ：間違いないですか。※2 Ａ：間違いありません。 Ｑ：弾劾のため，後に提出予定の甲30号証・カレンダーを示します（弾劾証拠手続）。平成30年７月のカレンダーです。Ａさん（回答者の名前を呼ぶ。※3），平成30年７月29日は日曜日なのですが，法務局は休みで開いてなかったですよね。※4 Ａ：……。 Ｑ：お答えがないようですので，私からの質問は終わります。

ここでは，法務局へ行った日を固めて「逃げ道を塞いでおく」ことがポイントです。【ありがちな例】では，Ａが30日に法務局に行った可能性をつぶし切れないまま（29日に法務局に行ったことを固め切れないまま），弾劾証拠を突きつけたことから，30日に二つの作業をこなしたのだと言い逃れをされ万事休すです。

【工夫例】では，※１で，実質的に誘導質問を用いて，法務局に行った日を29日と証言させることができ，弾劾の前提となる伏線を張ることに成功しています。

その上で，※２の質問で，矛盾を指摘する前提を固めることがポイントになります。各質問毎に「平成30年」を繰り返す必要はないですが，調書上，肝心の法務局に行った日付が明確になるように，質問の最初又は要所では年も明確にしておくべきです（裁判官が判決を書く際の助けになります）。

本ケースは「カレンダーのトリック」であり，推理小説でも見る単純なパターンの一つですが，回答者に自身満々「29日に法務局へ行った」旨供述させ，その29日が日曜日である事実を突きつければ成功です。もちろん，このようにうまく運ぶとは限りませんから，使うかどうかにかかわらず，予め，「カレンダー」を書証として出せるように準備しておくことが肝要です。

ところで，※３は，回答者の名前を具体的に呼んで質問を行っていますが，決める質問の際には，直接回答者の名前を呼びかけると，突然のトーンの変化により緊張を生じます。そうして決定的な弾劾を行う場合，より一層心理的動揺を引き出すことができることもあります。仕留める自信がある際の「決めのスキル」の一つといえるでしょう（「固有名詞で呼びかける」→§84でも用いています）。

【逃げ道を塞ぐ】【準備が全てを決める】【弾劾証拠の示し方】【固有名詞で呼びかける】

§82 〈プロ野球開幕の日ですが〉ケース㉞

証人Ａは○月○日原告方において原告の長女Ｗに弁済提供をしたと証言し，原告はこれを否認している。原告代理人は，同日Ｗが旅行中で原告方にいなかった事実の証拠（写真）を必要な場合に弾劾に使用しようと考えている。なお原告方にはＷのほかにも次女Ｚがいたとする

【ありがちな例】

Ｑ：証人は○月○日，原告の家で原告の長女Ｗに弁済提供をしたと証言されていますが，間違いないのですか。

Ａ：間違いないです。

【工夫例】

Ｑ：証人は○月○日，原告の家で原告の長女Ｗに弁済提供をしたと証言されています。その日はプロ野球開幕の日でしたが，その日で間違いないのですか。※3

Ｑ：後出の甲○号証を弾劾のため示します（弾劾証拠手続）。その○○日，Ｗは沖縄に旅行に行っていたのですよ。どうやってＷに弁済提供するのですか。[※1] Ａ：ああ，厳密にその日じゃなかったかもしれないし，Ｗじゃなくて Ｚだったかもしれないが，その頃に原告の同居の娘に対して提供したことは間違いありませんよ。[※2]	Ａ：間違いありません Ｑ：原告の認識とは違うのですがね，それで，あなたが原告の家に来たときにＷが応接したのですか。[※3] Ａ：そうです。Ｗさんが出てくれました。 Ｑ：あなたはその前にＷさんと会ったことがあるのですか。[※3] Ａ：はい。ありますとも。 Ｑ：原告には次女の Ｚ さんもいらっしゃいますが会えばＷさんと分かりますか。 Ａ：分かりますとも。 Ｑ：その○月○日だという日付の記憶，そしてその日にＷさんに弁済提供したという記憶に間違いないですか。 Ａ：何度も言ってるように間違いないです。 Ｑ：そこまでおっしゃるなら，後出の甲○号証・写真を弾劾のため示します（弾劾証拠手続）。 その○○日，Ｗさんは沖縄に旅行に行っていたようですね。 （以下略）

【ありがちな例】単純に※１タマをぶつけた場合は，※２のように曖昧戦

略（→§11）により逃げられます。そこで，【工夫例】※3のように，証人の主張する日付（本ケースではプロ野球開幕日で特定）や「Wに提供したこと」を，質問の輪郭を厳密化し，そのことを証人自身に具体的に確認させることにより逃げ道を塞いでいます。これは「砂上の楼閣」（→§88以下）を浮き彫りにする例でもあります。なお※3の二つの質問は「一問一文」（→§67）の点では微妙です。

【逃げ道を塞ぐ】【砂上の楼閣を浮き彫りにする】

3 伏線を積極的に張る

ポイントを突いた質問をすると，相手は察して言い訳をします。これを防ぐために，言い訳により逃げる場所を予め塞いでおきます。それは，将棋でいえば，逃げ場所に捨て駒を置いて相手方に駒を取らせることにより，その後，その場所に逃げることをできなくする手順に似ています。

§83 〈印字の状態が違いますね1〉ケース35

尋問の前の方「伏線を張る」状況で，微細な点に触れるケースを示します。§15ケース4と連続していますが，偽造の一歩手前の獲得目標は，印字の状態が異なることから，甲1号証・用紙の作成者Aは同じ時に印字していないという点，つまりどちらかは事後的に印字されたという事実を顕出することです。

> 被告代理人として最終的な獲得目標は甲1号証（贈与契約書）はAにより偽造されたこと。反対尋問までの尋問準備において，甲1号証（1枚の紙）の贈与文言と住所欄とは，拡大して見れば印字の状態（インク）が異なることが分かった。その異常な作成状況は§84の質問で相当に顕出する予定なので，ここでは伏線としてAの矛盾供述（甲1号証は普通に作成した）を引き出そうとしている。

【ありがちな例】	【工夫例】
Q：(反対尋問の前半で) 甲1号証・贈与契約書を示します。あなたがパソコンを操作して自宅でプリントしたのがこの契約書だということでしたね。	
A：はい。	(ここまで同左)
Q：この印字をした時に，何か普通と違うことをしましたか。 A：ん？　といいますと。 Q：一回で印字してないのではないですか。[※1] A：何か疑ってるのですか。[※1'] Q：変なことはしてないのですね。[※2] A：変なことはしてません。[※2']	Q：プリントした状況について，何か普段と違う特別なことがあったのか確認したいのですが，例えば，二度に分けて打ち出すとか，特に変わったことはありませんでしたか。[※3] A：別に，普段どおりだったと思いますが。[※3'] Q：特別なことはなかったというご記憶なのですね。[※4] A：そうです。

【ありがちな例】※1は意図するところをストレートにぶつけたところ，※1'の反応をされて一度中断し，※2の質問に対して※2'の答えがあったので一応予定どおりですが，流れが不安定な感じがします。

【工夫例】では，※3で，質問の中に「特に」という言葉を用いている点がポイントになります。この場面では，回答者は，書面は正しいものだと主張をしている立場ですので，書面作成過程に特に変わったことがないかと尋ねられると，別に変ったところはないと言いたい心理が働いています。そのため，「特に」と尋ねると，回答者からは「別に」(ない) という証言を引き出せる可能性が高いのです。※3'の「普段どおり」が冒頭の将棋の比喩でいう相手の駒の場所に当たります。

一般的に「特に」という用語は，回答者から否定する証言を引き出したいときに有効といえるでしょう（→§109参照）。なお，この際に，「例えば」を用いて質問内容の具体性を高めて，調書記載内容を少し豊富にしています。

※3において，そこで獲得できた伏線を更に固めることに成功しています。ここで張った伏線は，この後，次の§84ケース㊱につながることになります。

【「特に」→「別に」を活用する】【否定させたいなら】
【「例えば」を活用する】

4 弾劾証拠を示す

§84 〈印字の状態が違いますね２〉ケース㊱

前の§83ケース㉟の続きで，真の獲得目標が甲１号証（贈与契約書）はAにより偽造されたこと，前提として判明している事情（甲１号証のうち贈与文言と住所欄とは印字の状態（インク）が異なること）も同様である。§83の伏線を張った上で，質問者は，弾劾証拠として，用意していた甲１号証の印字を拡大コピーしたもの（乙20）を提示する場面。

【ありがちな例】

（§83【工夫例】続き）

Q：後出の乙20号証（甲１号証の拡大コピー）を示します（弾劾証拠手続）。
　贈与文言と住所の箇所の字を比べて見てください。

A：はあ。

Q：印字の状態が違いますよね。※1

【工夫例】

（§83【工夫例】続き）

Q：では，改めて，甲１号証・贈与契約書を示します。この書面をよく見てください。

A：はい。

Q：贈与文言の花の字の「ハネ」と，住所の箇所の同じ花の字の「ハネ」を比べて見てください，一方はすっきりした印

A：そう言われても。

Q：いいですか，贈与文言の花の字の「ハネ」と，住所の箇所の同じ花の字の「ハネ」を比べて見てください，一方はすっきりした印字で一方はつぶれてるでしょ。

A：そう言われればそのようにも見えますが……。

Q：一回に印字したなら，こんな違いが生じるはずがないでしょう。※2

A：うーん，プリンターの調子によってムラができることもあるのではないかと思いますが。※3

Q：（前略）字で，一方は逆にインクが濃く字画がくっついてつぶれているように見えますが，分かりますか。※4

A：いや，よく分かりません。

Q：では，客観的証拠に対し分からないとおっしゃるので，弾劾の趣旨で後出の乙20号証（甲1号証の拡大コピー）を示します。これは，甲1号証の写しを私の事務所のコピー機で400％に拡大コピーしたものです（弾劾証拠手続）。※5

原告（Aの名前）さん，よろしいですか。拡大した文字だと先ほど指摘しました，「a」の符合を付した部分，贈与文言の「花」の字の「ハネ」はすっきりと字画の間が空いており，一方，住所の箇所の同じ花の字の「ハネ」の部分はインクが濃く字画がくっついてつぶれていますね（乙20号証に符号を付している）。※6

A：まあ，そうですね……。

Q：別の字で見ますが，「b」の符号を付した部分，贈与文言の「藤」の……。印字された文字の状態が随分異なってい

	ますが，その状態は分かりますね。[※7] Ａ：はい……。 Ｑ：あなたは，贈与文言の部分と住所の部分とは，違う時期に印字したということはないですか。[※8] Ａ：……そういうこともあったかもしれませんが，私の記憶の中では同時に印刷したと思います。 Ｑ：「そういうこともあったかもしれませんが」とおっしゃいましたので，違う時期に印字したことがあったかもしれない，ということですね。[※9] Ａ：はい。

【ありがちな例】では，弾劾証拠の提出をスムーズに行うための前提を作れていません。※１では，対象を具体化しないで「違いますよね」と聞いているために，具体的な事実の確認ができていません。これでは評価を聞いているのと同じことです。また，※２では自身の意図する結論を押し付けようとする質問になっています。しかも，回答者に，※３の言い逃れの機会を与えるという，マイナス方向の結果も招いてしまっており，無益どころか有害な質問になってしまっています。

【工夫例】では，評価を聞くのではなく，具体的な事実の確認に徹しています。具体的には，※４と※６では，違いを具体的に示す質問を行い，※７でも「客観的な状態」＝事実の確認を求める質問を行っており，弾劾のために必要な事実を固めています。

そして，伏線と前提事実を固める作業を完了したところで，獲得目標をストレートに聞く※８の質問を敢行しています（※２と比べてください）。原則は，「ストレートな質問をしない」のですが（→§54以下），前提を固めた上で，Ａが全否定できないことが見込まれ，質問をした方が有利であると判断できる場合に，（思いがけない言い訳をされてしまう）リスクはあったとしても敢行すべき場合があります。本件で，「そういうこともあった」としたら異常なことで，しかも自己供述と矛盾しており（→§83で特別なことをしていないと供述している），偽造を認めるに等しいことですから，極めて重大な意味を持ちます（裁判官の視点からは，§83で説明する機会があったのにシラを切ったことがＡの信用性判断に大きな影響を与え，Ａの内心では，今見せられている乙20号証に整合する供述をするか先ほどの自己供述に整合する供述をするか難しい選択を迫られることになります）。

もちろん，ストレートに聞けば，通常は「そんなことはありません」といった趣旨の否定をするでしょう。しかし，この尋問例では，Ａは，拡大コピーされた書証を示され（明らかに印字状態が異なっている），先ほど§83で「二度に分けて印字していない」と証言していますから，さすがに動揺していました（偽証となるプレッシャーを感じたのでしょう）。

※５で弾劾証拠を示す理由を述べつつ示し（客観的証拠に対し分からないとおっしゃるので），客観的証拠を見せられて回答者が動揺せざるを得ない状況の下で，質問者は※６「○○さん」と固有名詞で呼びかけています（→§81でも同様のスキルを用いています）。この回答者は，同じ時に印字したという主張を維持できないものと考え，「異なる時期に印字した」という決定的事実を認めましたが，なおしたたかさを維持して回答者にとってセカンドベストというべき「曖昧戦略」の回答をしたものです。

この曖昧戦略に対し，※９では，拡散しないように引き戻して直前の回答者の発言を強調して「調書に残す」ため，発言の重要な部分を確認する質問を行って切り上げています。

なお，※５「後出の」という形で弾劾証拠を示す場合，裁判官に制止され，尋問の流れを止められることもあります。そこで，質問者としては，※５の冒頭にあるように弾劾目的として提出する必要性があることを，可能な限り尋問の流れにおいて示しておくことが有効です。「客観的証拠に対し分からないとおっしゃるので」と述べている部分です。こうすることで，裁判官からの制止を未然に防ぐことができる可能性が高まるでしょう。
【評価を聞くな】【準備が全てを決める】【調書に残す】
【固有名詞で呼びかける】【ストレートに聞かない（その例外）】

5 程度・数値の矛盾を導いて弾劾する

§85 〈急坂の駐車場〉ケース㊲

大きい・小さい，遠い・近い，重い・軽いなど，程度を表す概念（評価を含む）が問題となるケースがよくあります。

次のケースは，不動産に付随してよい駐車場を用意していた，との反論が相手方Ａからされているものの，その駐車場は当該不動産から見ると急な坂の下にあったことから，利用の便が極めて悪く契約目的を達するような利用ができなかった事情を主張したいケースです。

【ありがちな例】
Ｑ：駐車場を用意していたということでしたが，その場所は，本件不動産からかなり急な坂を下っていくのではないですか。
Ａ：いえ，急なことはないです。○○市は坂ばかりであの辺りではごく普通の坂です。

「急な」というのは評価であり，人によって感じ方は違います。そのような評価を伴う概念について，【ありがちな例】では何の用意もなくストレートに質問したため，○○市の状況からすると，逆にＡの用意していた駐車場が相当なものであったとの印象を与えてしまいました。

【工夫例】

Ｑ：用意されたという駐車場は，本件不動産から坂を下っていった場所でしたね。

Ａ：はい。

Ｑ：△△交差点からこの裁判所まで上がってくる道は坂になってますね。

Ａ：そうですね。

Ｑ：つかぬことを聞きますが，この裁判所まで駅から歩いてこられたことはありますか。[※1]

Ａ：はい。

Ｑ：駐車場から本件不動産まで上がる坂は，裁判所までの坂よりもかなり急な坂ではないですか。

Ａ：そんなことはないでしょう。

Ｑ：駐車場から本件不動産まで上がる坂よりは，裁判所まで上がる坂の方がずっと楽じゃなかったですか。

Ａ：よく分かりません。

Ｑ：坂の傾斜について弾劾のため甲○号証・△△測量士作成報告書を示したいと思います。証人がお認めになるなら提出するまでもないと思っていましたが，実際に測量士さんに測ってもらった資料です(弾劾証拠手続)。Ａさん，よろしいですか……。[※2]

※１で裁判所まで車で来ることが想定される場合は内容を変えます。

※２は「準備が全て」であることの好例です。坂が「急な」事実を聞く以上は，「急」であることを第三者にも認識できる形で数値化，ビジュアル化することが必要です。そのためには，事前に調査して証拠化しておくことが不可欠です。裁判官が日々歩いている坂よりも（自動車通勤かもしれませんが，少なくとも経験により知っているはず）傾斜がきつい坂であるということであれば，「それは相当きつい坂だ」と感じることになります。そのことは判決文に取り入れられることはないにしても，裁判官の心証に働きかけることにはなるでしょう。実際，判決の結論に影響を与える可能性があります

し，和解などの際には大きな要素となります。たいした坂ではないと否定する証人の証言態度も，その信用性を減殺することになります。

【準備が全てを決める】【感覚を数値化しよう】【裁判官の五感に訴える】

6 信用性を低下させる

§86 〈言うだけ自由の現金商売〉ケース38

事実主張の信用性の減殺に加えて，その人の供述の信用性を低下させる例です。

貸金返還請求事件で，争点は金銭消費貸借契約の存否。原告Ａは，自ら採った川魚を売って貸付けの原資を貯めたと主張し，被告の名前が書かれた借用証があるが，被告はその借用証の信用性を争い，Ａが貸付けの原資となるお金を持っていたという主張の信用性を崩したい。

【ありがちな例】	【工夫例】
Ｑ：あなたは，４年で400万円くらい貯金したと証言されましたが，年間の収入はいくらくらいだったのですか。 Ａ：僕は，川魚を採るのは得意でね。採って観光地の屋台で売りますから，年に300万円くらいの売上げになります。 Ｑ：売上げを記帳していましたか。 Ａ：いや，記帳なんかしません。どんぶり勘定です。 Ｑ：税金の申告はしましたか。	(ここまで同左) Ｑ：その300万円は，ご自分で，川で魚を採って屋台で売った収入なんですね。 Ａ：そうです。 Ｑ：名人は毎日採りに行かれるん

A：いや，現金の売上げですからしてないです。

Q：じゃあ，収入があったことの証拠は何もないじゃないですか。

A：現に，貯めたお金を被告に貸したんです。その借用証があるんだから，証拠は十分でしょう。

Q：いや，その借用証に疑いがあるんだから，証拠にならないでしょ。[※1]

A：タンス貯金なんで，借用証が貸したことが証拠……。

原告代理人：（かぶせて）異議，今の質問は，事実を聞いているのではなく議論しているだけです。

裁判官：そうですね。代理人は質問を変えてください。

ですか。[※2]

A：はい，天候がよければ毎日採りに行ってますね。[※2']

Q：なるほど，魚を毎年300万円分も採れるのですから，長い時間，採りに行かれてるんですよね。[※3]

A：ええ，まぁ，何時間も採りに行っていますね。[※3']

Q：この○○川の入漁権は○○漁業組合が保有していますね。

A：……ええ，そうだと思います。

Q：あなたは，○○漁業組合に組合員として加入していますか。

A：……いや，加入していません。

Q：組合員でないと，1回1回入漁料を支払わないといけないのですよね。

A：……そうですね。

Q：あなたは，○○漁業組合に入漁料を支払っていましたか。

A：……いや，払ってません。

Q：それは違法なことですね。

A：そりゃそうだけど，地元の人間は組合に入らなくても採ってる人はいますよ。

Q：密漁を取り締まるために，組合はパトロールをしているそうですね。

	Ａ：……。 Ｑ：こっそり採ることはあるとしても，毎日長時間，魚を採ることは難しいことではなかったですか。 Ａ：まあ，簡単ではなかったですけど。

Ａは，「川で漁をして」「魚を売ったお金」で「タンス預金」をしたものが原資だなどと証拠もない主張をしています。一種の曖昧戦略です。

【ありがちな例】では，曖昧戦略に対して，正面から事実関係を問いただそうとしていますが，うまくいかず，※１に至っては質問者の意見（あるいは愚痴）を言っているに等しく，時間の無駄です。おまけに異議を出され，質問者主導の流れを失ってしまっています。

曖昧戦略を取る回答者への質問は，実際の場面でも徒労に終わることが多いと思われます。回答者が曖昧戦略で説明しようと思えば，どのような質問に対しても一応の説明ができてしまうからです。本当に民事の反対尋問は難しいものです。

本件は借用証があるだけに被告としては非常に苦しい戦いではあるのですが，事前準備により見つけた事実を基に，証言の信用性を減殺しようと試みるものです。すなわち，質問者は，事前準備の段階で，Ａが主張するストーリーを検証し，川魚を採取するには漁業組合に加入するか，又は１回１回入漁料を組合に支払う必要があることが確認できました。そこで，被告代理人は，この客観的な事実をタマとして第２パターンの弾劾（→§５，§13）を試みます。

α〈毎日・長時間の漁を一年を通じて行う〉と言うならば，通常，β正規のライセンスを持っているはずです。ところがライセンスを持たず密漁だったら通常αはできないはずです。そこで，まずαであることをＡ自身に認めさせ，その後に，βでないことを後に突きつけるのです。その布石として，

※２以降の質問で，Ａの主張に沿う方向α（いっぱい魚を採っている）へ誘導する質問を行い，原告自身に肩入れさせます（肩入れ→§10）。

※２の質問の「名人は」に注目してください。回答者が漁がうまいことをやや自慢げに発言したことを利用して，言葉自体によいニュアンスのある「名人」と褒めてよい気持ちにさせて，「毎日」たくさん漁に行っていた方向へ誘導しているのです（誘い出し→§13)。※２の「毎日」，※３の「長い時間」が，固めておくべき伏線です。ここで，虚偽の話に対しては「具体を聞く」，すなわちより具体的な状況をよりたくさん語らせる（砂上の楼閣を太らせる）ことを目指し，※２’※３’が一応の成果です。ケースによってはもっとしゃべってくれるかもしれません。

このケースでは，第２パターンの顕出により，毎日・長時間の漁を一年を通じて行っていた主張の信用性を低下させていますが（そのことが貸付原資の主張の信用性を低下させる)，それに加えて，回答者が密漁をしている事実をぶつけることによりその人の証言の信用性を低下させています（第１パターンと似ていますが，直接の相反・矛盾とまではいえないものです)。密漁の事実そのものが要証事実の心証に影響を与えるわけではありませんが，人の供述の信用性という観点からすると，突きつけられて初めて認めざるを得なかったという顕出の仕方ができれば，それなりに効果を上げることができると思います。

反対に回答者側の立場であれば，密漁について突きつけられる前に，先行してさらりと説明してしまうことが最良の対応です。

【褒めて気持ちよくさせる】【発言を利用する】【砂上の楼閣を太らせる】
【準備が全てを決める】【虚偽の話には具体的な状況を聞く】

§87　現実の反対尋問はなぜ難しいか

反対尋問の難しさは，以下のような点にあると感じられます。①「見た」「聞いた」という単純な行為の証言に対応する弾劾ではなく，ある社会的事実についての矛盾点や矛盾行動（しかも，それぞれが多様な社会的・経済的な意味を持ち，かつ各主観により意味が異なる場合が多い）の存在を顕出していく作業を積み重ねていく必要があります。

また，②民事事件の特徴として，反対尋問の対象となる証人は，それぞれ皆「主張」を持っています。そして，この一つの「主張」に沿い，その目的のために作られた供述を（ケースによっては虚偽を含む），質問により覆すことは，非常に難しいといえます。民事事件では，不法行為の目撃証人や治療を行った医師などを除けば，偶然にある事実を見た証人が反対尋問の重要証人となるようなことはほとんどありません。つまり，反対尋問の場では，何らかの取引関係や利害関係のある者が，敵性証人として現れることが多く，したがって，その反対尋問は一筋縄ではいかないことが多いのです。だからこそ，民事の反対尋問においては，その尋問に備えての事前準備と，質問を行う弁護士の尋問技術の習熟が非常に重要となります。

そして，③これは証人一般にいえることですが，証人というものは，質問やその他の前提事実などから，質問者の意図や考えを察知して，回避行動（→§11）をとることができます（ときに虚偽の供述もするでしょう）。また，証拠もない曖昧なことを言うことも自由にできてしまいます（→§86，§92）。

更に，④民事の人証実施前の段階で，相手方は，準備書面や陳述書に，全ての事実を出し切っているとは限らず，また適正に（正確に）記載しているとは限りません（→§23）。一般的には，相手に不利な事実ほど，十分かつ正確には記載せず，また抽象的な事柄しか述べていないことが多いものです。そのため，反対尋問では，尋問を実施する前に分かっていない事柄や具体的事実が多数あり，質問者は，事前準備（→§24）を行うものの，尋問での自らの質問により前提事実を固める作業をしなければならない場面が避けられません。この作業を質問の形で行うには，探索的（模索的）な質問にならざるを得ないのです（→§111，§112参照）。これまた，反対尋問が難しい理由です。

つまり，相手は主張を持っており，その主張に基づいて操作した事実しか提示しておらず，当方は，そのような不十分な事実を基にして，当方が収集した事実（我が国の制度下では相手方の領域にある事柄の収集は困難を極めます）と客観的事実を素材にして，相手方のストーリーに比して当方のストーリーの「比較優位」を築かねばなりません（→§92参照）。

その上，⑤仮に反対尋問に成功し，ある事実の弾劾に成功したとしても，当該事実は，間接的な事実に過ぎないことも多く，それにより直ちに「要証事実」が認定・不認定につながらないという側面もあり，反対尋問の悩ましい点であるといえます。

第二　攻めるスキル

7 「砂上の楼閣」を攻めるスキル

§88　虚偽を述べる証人を攻める

あくまで一般論ですが，人は，真実経験したことを証言する際には，迫真性を持って具体的な事実を話すことができます。逆に，実際にその場を経験していないことについて述べる際には，抽象的なコトバや曖昧なコトバに逃避・回避するか，あるいは，具体的な虚偽を述べることになります。

【嘘をつく証人】のパターン
① 抽象的な回答に逃避・回避する
② 具体的な虚偽を述べる

そのため，証人が虚偽を述べていると考える場合は，映画を再現することをイメージして，具体を問う質問すなわち，その場所及びその場所に至る経路，その時間及びその前後において具体的に何をしたか，その場所やその物は具体的にどのようなものであったのかなどをシミュレーションした準備をすると効果的です。

①抽象的な回答に逃避している場合には，具体を問う質問に対し答えられなかったり混乱して信用性を落とす効果が，②具体的な嘘を言う場合は，具体を問う質問に対して防衛しようとして自ら嘘の事実を積み重ねる（砂上の楼閣を大きくしてしまう）効果が考えられます。誘い出して大きくなった砂上の楼閣に対しては，矛盾事実や証拠をぶつけやすくなります（例→§14，§74，§80，§82，§86，§89）。

具体を問う質問は，オープン質問をしないという原則の例外で，５Ｗ１Ｈを問うことになります。ここでは，あえて「なぜ質問」（→§50）を使用することが効果的な場合もあると考えられます。ただ，５Ｗ１Ｈを問う場合でも，単に「どうやって運んだのですか」でなく，なるべくオープン度の小さな聞き方，例：「そんな大金を現金で運んだとおっしゃるなら，その現金は，例えば大型スーツケースに入れて運んだのですか」（→§89参照）というように，具体例を「例えば」で問う質問を用意するとよいでしょう。

〈砂上の楼閣を太らせるスキル〉
① ディテールを語らせる：「例えば，そのときは暑い日でしたか？」
② エピソードを聞く：「例えば○○はどんなことをしましたか」「△△のことをはっきりと記憶していますが，例えば○○のことは覚えていませんか」

【具体例を「例えば」で問う】

§89 〈多額の現金を外国から持ち込んだ〉ケース39

被告AとSとが不貞関係にあったかが争点の事案で，Sからマンション購入資金の金銭援助を受けたか否かのポイントについて，Aは資金援助を受けた事実を否認して自分で調達したと主張している。マンション購入の時期は2006年である。

【ありがちな例】	【工夫例】
Q：あなたは本件マンションの購入代金4000万円を，どのようにして支払ったのですか。 A：現金で一括で支払いました。 Q：4000万円ものお金をどうやって準備したのですか。 A：母国から日本へ来るときに持ってきた現金で支払いました。 Q：……次の質問に移ります。	（ここまで同左） Q：日本に来たのは何年でしたか。 A：2005年でした。

	Q：2005年に現金を一度に持ち込んだのですか。[※1] A：そうです。[※1']

【ありがちな例】では，特に工夫がない質問で，購入代金の調達方法についてそれらしい説明をされて終わっています。特に追及するネタがない場合には，ここで切り上げるのも一つの選択肢にはなります。

【工夫例】では，具体的な場面をイメージしたときに，4000万円もの大金が動いたことについて違和感があったため，これが事実に反するのではないかと考え，まず，※1で多額の現金を「一度に」用意したとの供述が得られれば，事実に反するストーリーの供述（砂上の楼閣）を太らせることに成功する可能性があると考えて，誘導を試みています。この，「現金を一度に持ち込んだのですか」の質問は，未知の事実を問う誘導質問ですが，購入時期に近いこと，すぐ前に「現金で一括で支払った」との供述からすると，Aには1回で現金を用意したと言いたい心理が伏在すると想定されるので，試してみる価値があると思います。※1’で認めたので，更に質問すれば具体的な嘘を塗り重ねるのではないかとの狙いから次のように尋問を続けています。

【工夫例】続き

Q：一度にどれくらいの現金を持ってきたのですか。
A：4000万円を少し超えるくらいだと思います。
Q：その現金は，日本円ですか，現地通貨ですか。
A：米ドルでした。
Q：2005年当時の大体の為替レートは，1米ドルが100円相当でしたから，4000万円は米ドルでは約40万ドルになりますね。
A：そうですね。
Q：40万米ドルも札束で持ち込んだのですか。
A：そうですが。
Q：例えば，カバンに入れてですか。[※2]
A：……そうです。

Q：今思い出すのに時間がかかったようですが，持ち込んだときのことは，はっきりと覚えていらっしゃらないのですか。[※3]

A：いえ，大体覚えてます。

Q：そのカバンは，どのくらいの大きさですか。[※2]

A：普通の手荷物バッグ。

Q：「普通の」では分かりません。動作で示していただけますか。

A：(手を広げて示す)

Q：今，手を動かして示されたところからするとそのカバンのサイズは，縦30センチ，横40センチくらいでしょうか。[※2※4]

A：はい。

Q：片手で持てるような重さでしたか。[※2]

A：はい。

Q：40万米ドルを，いつ日本円に換金したのですか。[※2]

A：来日後すぐに換金しました。

Q：どこで両替したのですか。[※2]

A：当時の自宅の近くの銀行です。

Q：何という銀行ですか。[※2※5]

A：……覚えていません。

Q：先ほど大体覚えているとおっしゃいましたが，覚えていないのですか。

A：随分前のことですから。

Q：4000万円分もの現金を日本に持ち込んで換金されたという時のことですよ，覚えていませんか。

A：……具体的な銀行までは。

Q：ところで，あなたは母国を出国する時，40万米ドルを持ち出すことを当局に申告していますか。[※6]

A：……確かしていると思います。

Q：「確か」？　はっきりと覚えていないのですか。

A：……したと思います。

Q：「思います」？　はっきりと覚えていないのですか。

A：しました。
Q：ほお，では日本に入国する時，40万米ドルを持ち込むことを当局に申告していますか。※6
A：……しました。

このように，4000万円もの大金を海外から一度に現金で持ち込んだという証言が事実に反するであろうと考えて，※２の各質問を重ねています。※２は相手のストーリーが真実であると仮定して，それを「映画を再生するように」具体的なシーンを展開させる質問で，砂上の楼閣を太らせるものです。

※２の最初では「例えば，カバンに入れてですか」と聞いて具体的なシーンへと誘い込んでいます。

※６については，仮に現金持ち込みが事実であったとしても，これだけ多額の現金を持ち込む動機は，脱税目的の可能性も高く，申告をしていない可能性も高いと思われます。※６の二つの質問は，この点を突き，精神的動揺や弾劾材料が出ないかを確認するための質問になります。

尋問の現場で直ちに矛盾点や不自然な点を発見できない場合でも，このように事実を細かく確認していれば，その副次的効果として，尋問後に最終準備書面を作成するまでの間に調査・確認することで，証言の不自然さや矛盾を発見できる可能性もあります。この点，求釈明の活用により事前に事実を引き出すことができていれば（求釈明→§24），やみくもに尋問して証言内容を固められるリスクを低減することになります。

※５のような質問は，手探りの質問であり，質問と回答に時間を要することが多く，限りある反対尋問時間を有効に使う観点からは，実施するかどうかはケースバイケースです。

※３は回答者が記憶について曖昧な供述をするとき，（このケースの文脈では）「覚えている」方向に誘導するものです。

※４の質問は，身振り手振りの証言を言語化して調書に残すものです（→§42参照）。

【虚偽の話には具体的な状況を聞く】【砂上の楼閣を太らせる】
【映画を再生するように】【具体例を「例えば」で問う】
【準備が全てを決める】【調書に残す】

8 反発を利用して流れを作る

§90 〈無断で権利証持ち出し〉ケース㊵

抵当権設定登記抹消請求の訴訟で，原告は，その子Aが，原告に無断で設定登記を行ったのだと主張し，Aもそれに沿う証言をしている。被告としては，原告がAの抵当権設定することを了解していたと考えており，その点を明らかにしたく，Aに対する反対尋問を行う。

【ありがちな例】

Q：抵当権設定登記手続をするのに必要な，いわゆる権利証はどうしましたか。

A：権利証は仏壇の引き出しに入っていたので，勝手に持ち出しました。

Q：勝手に持ち出したら，原告に分かってしまうのではないですか。※1

A：普段，仏壇の引き出しを確認するわけではないので，分からなかったと思います。

【ありがちな例】※1では，単純に意見を求める質問を行っているため，何も引き出すことができずに終了しています。質問者が言う不自然な点を「そうですか」と認める証人は少ないでしょう。

【工夫例】ケース㊵

Q：あなたは，先ほど「お金に困っていることを原告に話せなかったので無断で抵当権設定登記をした」と証言されましたね。

A：はい。

Q：でも，原告はあなたの父親なのだから，困っているときほど，援助をお願いしてもよいように思えますが，それほど，話せない事情があったのですか。※2

A：その前にも迷惑をかけたので，このときは迷惑をかけられないとい

う気持ちで一杯でした。[※2']

Q：では，そのときの気持ちとしては，被告から借入れを行うことが原告にばれては困るという強い気持ちを持っていたということですね。[※3]

A：そういうことになります。

Q：抵当権設定登記手続をするのに必要な，いわゆる権利証は仏壇の引き出しに入っていたものを持ち出したということでしたね。

A：はい。

Q：仏壇は，お父さんがお住まいの家の仏間にある仏壇ですよね。[※4]

A：そうです。

Q：持ち出してから，法務局の抵当権設定登記手続が完了して権利証が戻ってくるまでに，何日くらいかかりましたか。

A：よく覚えてません。

Q：地元の司法書士に確認しましたら，この時期のＴ法務局では，早くとも申請から10日はかかったようですが[※5]，あなたは，10日間の間[※6]，原告が仏壇の引き出しを開けることはないと考えたのですか。[※7]

A：普段は，そんなに仏壇の引き出しを開けないと思ってました。[※7']

Q：先ほど，原告に分かっては困るという強い気持ちを持っていたことを証言されましたね。

A：はい。

Q：それで，普段はそんなに開けないという程度の認識で，原告の権利証を無断で持ち出したのですか。[※8]

A：そのときは原告は引き出しを開けず，ばれませんでしたから。

Q：それは結果論ではないですか。[※9]

A：まあ，そうですが。

【工夫例】※２は「反発を利用した誘導」質問です（→§91，§92参照）。反発により方向性を持った誘導が行われ，※２※３の応答により第２パターン（→§５，§13）のα「原告にばれては困るという強い気持ち」を持っていたという「砂上の楼閣」に誘導されています。これが布石となり，αならば通常β「絶対ばれないように用心するはず」，ところが，βではないというパターンの流れが示されていきます。

次は「βではない」ことを示す場面に入り，※４は，原告が容易に確認できる場所に権利証があったことを調書に残す狙いです。※５※６は本件でβでないといえるための条件を設定する質問です（もし持ち出して翌日に戻ってくるならば，ばれない可能性が高くなりますが，10日も戻ってこないならβでないことを示します）[*54]。※７の応答により，Aが「原告がその間引き出しを開けることはない」と考えていた事実が現れ，βでないことが一定程度示されているといえます。そうすると，特別な方法を講じないで権利証を長期間持ち出しているというのですから，αでない，つまりばれては困るという気持ちはなかったか，あるいはそもそも無断で持ち出しなどしていない可能性もあるという方向に弱いながら一定の推認が働くことになります。本例では※８で疑問をストレートにぶつけています。これは実質的に「なぜ質問」といえ，原則はしないものですが，本例では「ばれないように用心している」かしていないか，程度問題であって第２パターンの推認力が弱いことからリスク覚悟でぶつけてみたものです。

※９は厳密にいえば，意見を問う（→§56），議論になり得る質問です。もし異議を出されたら（→§36），※８の質問を使って「普段はそんなに開けないという程度の認識で，原告の権利証を無断で持ち出したのですか，という質問にお答えになってなかったのですが，改めてお答えいただけますか」のように切り返してはどうでしょうか。いずれにしても，権利証を持ち出す際の回答者の行動や認識が不審であることを示す内容になっています。

なお，※２※３は，前提を含んだやや長い質問になっています。できるだけ長い質問は避けるべきですが（→§67），この事案では，攻める試みとしてやむを得ないところであり，このような質問が適切であるかどうかは，ケースバイケースです。

---

*54　ただ，※６「10日間」について，そのような事実が確認されておらず，誤導であるとの異議が出される可能性がある。異議を避けるなら「登記申請してから戻ってくるまで」というような質問にするが，異議が出されたら「ある程度日数がかかると思いますが」などと質問し直すという戦略も取れるだろう。いずれにしても事前準備として，争点整理中に，何日かかったかという事実を相手方にさらっと主張させておくか，それができなければ地元の司法書士への確認など準備をしておく必要がある。そして後に客観的事実としてかかる日数などを主張する。

【意見を問うな（その例外）】【反発を利用した誘導】【過剰な防衛を導く】

§91 〈誰の印鑑か？　前提作りを怠るな〉ケース41

遺言無効確認訴訟で，「自筆証書遺言が遺言者自身によって作成されたものか」が争点のケースで，遺言が有効と主張する被告Ａに対する反対尋問。質問者は，「遺言書の押印が，被告の印章によりなされていること」からＡの信用性を弾劾したい。

【ありがちな例】

Ｑ：甲１号証を示します。この遺言書に押印されているのは，遺言者であるお父さんのハンコの印影ですか。※1

Ａ：はい。

Ｑ：間違いないですね。

Ａ：はい。

Ｑ：弾劾のため後に提出する甲10号証・委任状を示します。これは，本件訴訟においてあなたが作成した委任状ですが，この委任状の印影は，お父さんの印影と同じです。つまり，遺言書作成に用いられたのはあなたのハンコですよね。※2

Ａ：それはそうですよ。うちにはハンコが一つしかないので，父が生前に使っていたものを私も引き続き用いているだけ

【工夫例】

Ｑ：甲１号証・遺言書を示します。この遺言書の，お父さんの，名前の下に，押印されているのは，遺言者であるお父さんのハンコの印影ですか。※1

Ａ：はい。

Ｑ：本件では，遺言書がお父さんによって作成されたものであるかが争点となっておりますね。※3

Ａ：はい。

Ｑ：あなたが遺言書にハンコを捺したということはありますか。※4

Ａ：そんなことはあり得ません。

Ｑ：では，お父さんのハンコを自由に使っていたことはないですか。※5

Ａ：それもあり得ません。

Ｑ：お父さんが亡くなって以降に，

のことです。 Q：あなたご自身のハンコは，お父さんのハンコとは別ではないのですか。 A：はい。別ではなく，一つのハンコを共用しています。	お父さんのハンコを持ち出して，あなたが使ってるということはありませんか。[※6] A：そんなこともあり得ませんたら。 Q：お父さんのハンコを使ってらっしゃるという事実はないのですね。[※7] A：何度も言ってるでしょう，ありません。 Q：弾劾のため後に提出する甲10号証・訴訟委任状を示します。これは，本件訴訟においてあなたが作成した訴訟委任状ですが，この委任状の印影は，甲1号証つまり遺言書の印影と同じですね。[※8] A：まあそうですね……。

※1について，より法律的な表現としては「遺言書にある遺言者名下の印影は，遺言者の印章による印影ですか？」などでしょう。しかし，誤解が生じないと確信できる場合には，例のように，適度に一般用語を使用した方が当事者にとって分かりやすくてよい場面もあります（両例ともに許容範囲と思います）。また，反対尋問では時間の制約がありますから，「一字でも発語を少なくする」ために，一度法律用語を用いた後は，文脈上誤解を生じないような場合にはあえて一般用語を用いることもあります（→§70も参照）。

【工夫例】※1では父親のハンコにズームするように，言葉を句切って注意を向けています。

このケースの質問者は，訴訟記録を閲覧して，被告Aが訴訟委任状に用いた印影を事前に確認し，遺言書の印影と同じだったので謄写して弾劾証拠として用意していました。

狙い（i）：印影が同じで，被告の印鑑が遺言書に用いられているのであれば，遺言書の成立の真正を疑わせる事実になります（なお，印影の同一性についてAがこれを争う場合には，鑑定等による厳密な立証が必要になる可能性があります）。

狙い（ii）：更にAが，現在訴訟になっても使っている印鑑が遺言書の印鑑と同じであることを忘れて，もし法廷で父親の印鑑は「今も使っていない」と言い張るなら矛盾が生じ，信用性を攻撃することができます（第1パターンの弾劾→§4，§10以下）。

【ありがちな例】では，せっかくのよい攻撃材料を得ていながら，順序を誤っています。つまり，「遺言者の印章」と「Aの印章」が別のものである，という前提を固める前に弾劾証拠を示してしまったため，Aの「共用だ」という弁解を許してしまい弾劾証拠が機能しませんでした（弾劾証拠の示し方については→§32を参照）。ただ，狙い（i）の限度では一応の成果は得られています。

【工夫例】では，※3から誘導質問を始め，特に※4から※6まで三つのQは「反発を利用」することにより[*55]，第1パターンの「仕掛け」（→§10）となる「被告は遺言者の印章をその死後も使っていない」供述を引き出しています。この状況では遺言者の生前には使っていないが，死後には使っているという言い訳が可能で，その言い訳により弾劾証拠は無価値なものになってしまいます。そこで必ずしもうまくいくとは限りませんが，「死後も遺言者のハンコを使っていない」という「過剰防衛」にいかに誘導するかがポイントです。※4から※7へとAが否定する範囲が広がる質問になっていることに着目してください。また※6「お父さんのハンコを持ち出して」という質問は，「持ち出す」というそれ自体悪いニュアンスを含み「反発」したくなる言葉を使うことにより，過剰防衛の方向に誘導したものです。同

*55　このような誘導のテクニックについて，ステファン・M・コズロー，島田眞琴訳「反対尋問のテクニック」判タ515号（1984）49頁以下では，次のような種類のテクニックを掲げている。本書の読者は内容を推知できると思われるので，名称のみ列挙させていただく。偽装無知法，偽装熟知法，消極的誘導法（本文の「反発力を利用した」方法に類似），「攪散」質問（関係ない質問等，攪乱戦法），三段跳び接近法（脈絡を故意に飛ばす），漸進的接近法。

様に「入り込む」などの用語も使える状況があるでしょう。

※7で「一切ないのですね」と聞けばエッジが立ちますが，リスクもあるのでケースバイケースでしょう。※8は第1パターンで「仕留める」状況を作ることができた例です。

このケースのように，よいネタがある場合ほど，聞く順序を念入りに配置するようにします。なお，印影や署名が争われるケースでは，訴訟に提出された訴訟委任状の署名押印を確認することが肝要です。そんな簡単なミスをするはずがないと思われるかもしれませんが，結構，意外なところでうっかりしているケースもあるのです。

【一字でも発語を少なくする】【聞く順序を間違えるな】
【反発を利用した誘導】【法律用語を使わない聞き方】【過剰な防衛を導く】

§92 〈信用してなかったのに500万円も貸した〉ケース㊷

貸金返還請求において，被告は，金銭授受はあったが借入金ではなく売買の手付金だと主張し消費貸借契約を否認しているが，原告Aは「被告から不動産の売買の話はあったがその売買の話を不審に思い，売買をやめた」と主張している。被告代理人からAに対する反対尋問。

【ありがちな例】	【工夫例】
Q：あなたは，被告の売買の話を不審に思っていたというのに，そんな被告に，無担保で500万円という大金を貸したというのですか。[※1] A：いえいえ，被告には，信用力はあり，前から取引をしていましたので，頼まれれば貸すことは何ら不思議なことはありません。	Q：あなたは，被告とは，以前から不動産の取引をしていたのですよね。[※2] A：そうですね。 Q：以前から取引関係があったということは，被告を信用していたのでしょうね。[※3] A：前はよかったけど，この土地の件ですっかり信用できなくなったね。[※3']

	Q：なるほど，被告のことは，土地の件のときに信用できなくなったのですね。[※4] A：そうですね。 Q：ではあなたは，信用できなくなった被告に，無担保で500万円という大金を貸したというのですね。[※5] A：え……まあそうですね。[※6]

【ありがちな例】では，※１で，一文に二つの事項を持たせて尋ねており（→§67「一文一意」にすべき），また，意図をストレートにぶつける質問になってしまい（→§54），かえって弁解を引き出してしまいました。

【工夫例】では，※２で，質問者の意図を秘して，本来引き出したい事実（信用していないこと）から，少し離れた事実から話を起こして，誘導の起点を作っています。そこから，※３の質問で「信用していたのでしょうね」と問いかけ，あえて本来証言させたい方向と反対方向の問いを行うことで，「信用してなかった」と言わせることに成功しています。Ａが感じるであろう「反発」を利用した誘導を行う問いです。

狙いどおりに反発した※３’の回答「信用していない」を※４で固めた上で，※５の質問により，信用してなかったのに「無担保で500万円貸した」という不自然さを強調できた状態になっています。回答者は，※３のＱ＆Ａの結果，自ら信用できなくなったと供述したのですから，「被告には信用力はあった」という言い訳をする機会を自ら失ったことになります。

ところで，このケースでは，※５の質問によって誘導がうまく機能し※６の回答によりおおむね質問者の意図する状態を顕出しています。しかし，必ずしも※６のような回答をするとは限らず，何らかの弁解をしてくる可能性も低くないので，※４で切り上げて終える方がよいこともあるでしょう。民事の反対尋問は，微妙な比較優位にとどまることをもってよしとするほかない事案も多いものです。

【反発を利用した誘導】【ストレートに聞かない】【一文一意】【深追いするな】

9 「曖昧戦略」に対抗する

敵性証人は，当方の主張，証拠や当方提出の陳述書を前提に通常は代理人と打ち合わせて，当方の主張したいことを察知して，不利な陳述をしないように身構えています。そのために，不利な事実や虚偽の事実に触れる場合，曖昧な内容のことを曖昧な表現を持って語ることが多いのです（曖昧戦略）。このような証人に対する反対尋問の一例をみましょう。

§93 〈メールに連絡した記録がない〉ケース43

原告は被告Aに，取引相手（海外居住者）への支払のために200万円を預けたがAはそのお金を着服。Aは，着服を否定している（支払った相手は現在音信不通という）。Aは，移動に用いた航空券や領収証を原告にメールで送るなど，頻繁にメールでやりとりをしていたが，「支払を行ったこと」に関するやりとりが存在しない。この点の不自然さを追及したい。

【ありがちな例】

Q：お金を渡したときに，そのことを原告に報告しましたか。

A：ええ，後ほど報告しました。

Q：なぜ，その時に報告しなかったんですか。※1

A：1回，電話を多分したと思うんです。そしたらすぐつながらなくて，何か金沢かどっかに出張に行かれているような話をされたと思います。それでしばらく後にまた電話で連

【工夫例】

Q：あなたは先ほど，取引相手と会い，200万円を支払ったと証言されましたね。

A：はい。

Q：お金を渡した後に，そのことを原告に報告しましたか。

A：ええ，まあ，しました。

Q：原告には，いつ報告しましたか。

A：しばらくして，後ほどだったと思います。

絡したんです。※2	Q：しばらくしてというのは，どれくらい経ってからですか。 A：１週間くらいです。 Q：200万円というお金を現金で渡すという話ですから，原告に報告しなければならないと思っていたのですね。※3 A：もちろんです。

【ありがちな例】の※１は，漫然とした「なぜ質問」で，かつ「その時」がどの時点を指すのか曖昧になっているので容易に言い訳をされてしまいました。Aは，報告した事実はあったと言いたいが，それは虚偽ですから，具体的なエピソードは言いたくありません，そこで，証拠の残らない電話で，かつ，報告した時期等を曖昧に答えようとしています（曖昧戦略）。

ここまでの【工夫例】は，※３までにAが原告に報告した方向に誘導しており，次に掲げる※４以下の質問の前提を固めています。

【工夫例】続き

Q：その報告は，いつものやりとりしていたメールですか。※4
A：えっと，電話だったと思います。
Q：原告とは，いつもは，メールでやりとりをしていましたね。※4
A：そうですね。
Q：甲９号証・メール記録５ページの10行目を示します。10月７日，現地に着いた，取引相手と８日に会う予定だという内容の記録がありますね。※5
A：（うなずく）
Q：今うなずかれましたが，「はい。あります」，とか言葉でお答えいただけますか。※6
A：はい，あります。
Q：同じく，６ページの２行目を示します。200万円を渡したとおっし

ゃる１週間後にもメールを送信されていますね。※7
A：はい。
Q：ただ，200万円を渡した旨の記録はありませんね。※8
A：記録にはありませんね。
Q：その前後１週間をみてもそのような記録はありませんね。※8
A：……はい。

【工夫例】※４，※５，※７により，「なぜ質問」でなく具体的事実を聞くことにより，普段はメールで報告していること，それなのに※８で問題となっている授受の報告をメールでした事実がない状態を，「なかった事実をえぐり出す」形で浮き彫りにしています（なかった事実→§9)。その結果，曖昧に「あった」と言わせないように対策をしたことになります。

※４は，「いつもメールでやりとりしていた」事実を盛り込んで裁判官に印象付ける，一種の「サブリミナル効果」をわずかでも残そうとする意味もあります。

※５：書証の中のある部分を示して質問する場合（→§31)，「○行目」まで明確に発問すべきです。裁判官がすぐに当該箇所を探り当て，その記載を見ながら証言を聞いてもらうため，又は後に調書を読む裁判官のためです(裁判官のアクセスを助けよう)。

※６：挙動に意味があるときは質問中の言葉にして調書に残します（→§42参照)。

【曖昧戦略への対策】【「なぜ質問」をするな】【なかった事実をえぐり出す】【サブリミナル効果を狙う】【挙動を言葉にして残す】

§94 〈何年先の医院開業？〉ケース㊹

〈貸金か贈与か〉が争点となっている貸金返還請求訴訟で，原告代理人から被告Ａに対する反対尋問。Ａが愛媛県にある同人所有の不動産に原告を案内して見せたことに争いはないが，Ａは，貸金の担保に提供するためでなく獣医師を目指す原告の息子の動物病院の開業候補地として見せるためだったと主張している。

【ありがちな例】

Ｑ：原告を愛媛県の土地に案内したのはなぜですか。

Ａ：原告の息子さんが，獣医師になることを目指していたので，将来の開業に備えて動物病院の用地を紹介したんです。

Ｑ：担保に提供するために原告に見せたけど，原告が気に入らなかったので担保設定に至らなかったのではないですか。

Ａ：いいえ，動物病院の用地として検討してもらいました。

【工夫例】

Ｑ：原告を愛媛県の土地に案内した理由は，原告の息子が獣医師になることを目指していたので，将来の開業に備えて動物病院の用地を紹介したということでしたね。

Ａ：はい。

Ｑ：案内した当時，原告の息子は，獣医学部の何年生でしたか。※1

Ａ：確かまだ，獣医学部を目指して浪人中でした。

Ｑ：案内した当時，原告とその息子は大阪に住んでましたね。※1

Ａ：ええ。

Ｑ：原告から，息子の開業のための用地を紹介してくれと具体的に頼まれたことがありましたか。※2

Ａ：将来の可能性ということで。

	※2' Q：質問にお答えください。開業のための用地の紹介を具体的に依頼されたことはありましたか，ありませんでしたか。 ※3 A：それはなかったです。

【ありがちな例】の質問は，「なぜ質問」と，ストレートに言わせたいことをぶつけている質問であり，Aに明確な言い訳をされています。

【工夫例】では，第2パターン（→§5，§13～§15）のα「開業候補地として案内した」と言うならば，通常β「息子の開業についてある程度具体的な話があったはず」，ところが具体的な話はない，というパターンの顕出を意図しています。具体的な話がなかったことを浮き彫りにするため，※1で当時の原告の息子の状況について具体的な質問を複数ぶつけています。後の準備書面で，息子が獣医師になる可能性やそれまで（開業するまで）の期間の長さ，及び居住地と案内された土地との場所的な遠さ等を根拠に被告主張の不自然さを主張することになります。

※2において，不利な状況になったAは※2'で曖昧戦略により相対化して逃げようとしてます。逃がさないため，質問者は※3でYes or Noの二者択一で回答を求めています。もちろん，事前の本人との打ち合わせで事実関係を確認できている必要があります。

【曖昧戦略への対策】【二者択一を迫る】【ストレートに聞かない】

10 成功のサインを見逃すな

§95 〈あまりない，少しは〉ケース㊺

「あまりない」「少しは」＝部分肯定／Q「よく」→A「少しは」

回答者が認めたくない事案について，「あまりない」「ほとんどない」とか「少しはあった」「(ごく) たまにある」と述べるとき，それは部分肯定を意味するので（→§110参照)，それだけでも一応反対尋問は成功です。

そして，できれば，その成功のサインを見逃さずにうまく利用して，更に有効な尋問を続けることができればベターです。

次の場面は，証人Aが，第三者Sから，ある土地（本件不動産）がTに転売されるという話は聞いていたものの，A自身がTと会ったときに転売の話を確認したことはないと主張している事案で，Aに対する反対尋問の場面です（当方は転売の話があったことを明らかにしたい)。

【工夫例】

Q：Sから，本件不動産の転売先がTに決まったという話は聞かれましたよね。

A：はい。

Q：あなたがその話を聞いた後，売却の契約をするまで，Tと話す機会はありましたでしょう。※1

A：いやあ，あまり。※1'

Q：あなたがその話を聞いた後も，Tと「ふれあいセンター」で顔を合わせることはよくあったのではないですか。※2

A：ええ，まあ，少しはね。※2'

Q：「少しは」ということは，Tと「ふれあいセンター」で顔を合わせることはあったのですよね。※3

A：そうですね。

Q：Tと顔を合わせたときに，本件不動産の話はしませんでしたか。※4

Ａ：そういう話はしませんでした。※4

Ｑ：されてないですかね。確認しますが，Ｔと会ったとき，本件土地の転売先がＴに決まったという話は既に聞いていましたよね。※5

Ａ：まあ，そうですね。

※1’で，Ａが「あまり（ない）」と答えているこの場面で，Ａは，Ｔに会ったことは積極的に答えたくありません。なぜなら，Ｔに会ったということは，Ｔと（転売の）話をしていることを推認させる事実になり得るからです。そのため，本来であれば会ったことや，話したことを否定したいところです。しかし，多くの回答者には，「全くの嘘を証言することは回避したい」という心理が働いています。そこでＡの「あまり」という証言は，そのような心理的状況を示すサインになります。

そこで，このサインを感じ取った質問者は，※2で，「よく」会ったでしょう，という質問をしています。するとＡは，「よく」会っていたとは認めたくないが，一方で，全くの嘘を証言することも回避したいので，※2’のように，程度を低めて，「少しは」（あった）というような証言をしやすいのです。これを受けて，質問者は※3の質問で「顔を合わせることはあった」という事実（事実認定で使える間接事実）を調書に残すことができています。

質問者が，この反対尋問で獲得したい大きな目標は，「ＡはＴと転売の話をしていた」という事実ですが，そのような重要な事実についてまで，回答者が正直に認めることは，まずありません。そこで，※4’のような証言が出たときには，これに対して深追いはせず，※5の質問で，回答者が認めている限度の事実を再確認しておくにとどめ，後に準備書面で「転売先がＴに決まった事実を知っていたにもかかわらず，Ｔと会った際に転売の話をしていないというのは，経験則に反して信用できない」ということを主張すればよいと考えられます。

【深追いするな】

11 有利な供述があった場合の活かし方

§96 〈正確には覚えていません〉ケース㊻

原告（会社）から請負代金500万円を請求されているが，被告は請負契約を締結していない。契約書はないが，原告代表者Ａは口頭で請負契約が成立したと主張している。

【ありがちな例】	【工夫例】
Ｑ：あなたは，被告社長のＢに請負代金が500万円だという話をしましたか。 Ａ：確かに500万円はかかるという話はしました。 Ｑ：なぜ500万円かかるか，具体的にその理由を話ましたか。 Ａ：Ｂ社長に急がされてね，うちも外注しなきゃいけないからというような話はしたと思います。 Ｑ：あなたの会社が被告から請け負った金額はそれまで何十万円といった規模の仕事ですよね。※1 Ａ：そうですよ。 Ｑ：それだけの説明で，500万円の金額をＢは納得したのですか。※2 Ａ：連休を控えていて，Ｂからと	

にかく急いでくれという要求でしたので，そこでの値段のやりとりは正確には覚えていません。※2’ Q：では，なぜ金額について合意できたといえるのですか。※3 A：ええっと，そうそう，B社長に値段の話をしたとき特に値下げを求められなくて，ともかくやれって，仕事を急がされたんですよ。だから，金額の了解は得られたものと思っています。	（ここまで同左） Q：そこでの値段のやりとりは，正確には覚えていないのですね。※4 A：ええ，まあ。※4’ Q：では次の質問に移ります。

【ありがちな例】は，※2までは，評価や意見ではなく具体的な事実を確認しているもので，的確に尋問をしているように見えます（なお，※1では，事前に依頼者に確認していた情報で，有利な事情を誘導質問で引き出しています）。その結果，※2’の有利な供述が引き出せています。しかし，※3で，「なぜ質問」をしてしまった結果，相手に弁解の機会を与えてしまい，かえって具体性・迫真性のある不利な事実を引き出してしまいました。まさに，やぶへびの状態です（深追いするな→§64）。

他方で，【工夫例】では，※2’「正確には覚えていない」という当方に有利な証言を，※4「正確には覚えていないのですね」と，「オウム返し」で繰り返して確認して調書に残しています。その後，更に追及をするかどうかは事案や準備次第ですので，上記【工夫例】よりももっとよい質問もあるかもしれませんが，【ありがちな例】※3のように，漫然と「なぜ質問」をして弁解の機会を与えるくらいであれば，特によいネタの準備がない場合，無理をせず切り上げるのが得策といえます。

この点について，次の§97では，※4に引き続いて，更に質問を続けたケースです。

【「なぜ質問」をするな】【深追いするな】【有利な供述が出たら】

§97 〈正確には覚えていません――続〉ケース㊻続き

> **【工夫例】**
> Q：すると，その話をした10月１日のことは，全て正確には覚えているわけではないのですね。※5
> A：まあ，そうですね。
> Q：そうすると，正確には覚えてないとおっしゃる10月１日に，Ｂが明確に金額について合意したということも，断言まではできませんね。※6
> A：……いや，でも値段の話はしたと思いますよ。※6'
> Q：「したと思う」とおっしゃっているのは，断言まではできないというわけですね。※7
> A：はい。

これは，§96の【工夫例】※４から，「深追いするな」ルールに反して進んでみたケースですが，この例では，回答者にストレートに尋ねるのではなく，回答者が※２’で「正確には覚えていない」と言ったところから飛躍しないで，※５で少しだけ新しい要素を入れた質問をして（「全て～わけではない」），流れにはずれた回答や弁解をされにくくするよう努めています。

また※６で「明確に」「断言」といった，強い意味を持つ語を使った上で，「までは」の修飾語によってその強い語に該当することのハードルを上げ，回答者が「覚えている」と回答しにくい問いを重ねています。

しかし，※６’で「値段の話をした」という意外な，不利な回答が出てしまっています。ただその証言が「思う」という確信のない語尾であったため，※７ではその点を確認して切り上げています。「肉を切らせて骨を断つ」ともいえますが成果としては微妙なところでしょう。

深追いすれば，迫真性のある具体的な弁解をされてしまう可能性も十分にあるので，※５のやりとりをもって切り上げるという方法も有益です。

ただ，事案によっては更に突っ込んだ質問をする（したい）場面もあり得，その場合には，上記のように，証言から飛躍せず，「全て」「断言」「明確」「確実」といった修飾語により質問からはずれた方向の回答が出にくいように抑えつつ，少しずつ新たな事実を引き出すような聞き方が有益となると思われます。また，その場合，仮に不利な証言を引き出してしまったときには，※７のようにその傷を最小限にとどめるケアをして終えることになります。

【修飾語の活用】【意外な回答があった場合】

12 とっさの虚偽の言い訳をすぐに潰す

§98 〈売れば用意できるだろう〉ケース㊼

反対尋問をしていると，回答者が，言い訳をするために見え透いた虚偽を述べる場面に遭遇することがあります。次のケースは，「お金に困っていたＳが資金を用意するはずだと思っていた」という信用性に乏しい主張をするＡに対する反対尋問です。

【ありがちな例】

Ｑ：先ほど，あなたは，Ｓさんはお金に困っていたと証言されましたね。
Ａ：はい。
Ｑ：そんなにお金に困っていたＳさんが，どうやって2000万円ものお金を用意できると思ったのですか。※1
Ａ：いやそこまで深く考えていませんでした。ただ，Ｓさんがお店の土地建物を売ればそれくらい十分用意できるだろうと思っていました。※1'
Ｑ：えっ，Ｓさんが，お店を売るという話があったのですか。※2
Ａ：具体的に売るということまでは，ありませんでしたが，そうすればお金を用意できると私は思ってました。※2'

このケースで，質問者はＡの※１’はとっさにした嘘の言い訳だと判断できたとします。しかし，※２の質問は，ストレートに回答者の言うことを確認しただけで，かえって考える余裕を与え，※２’のように曖昧な回答をされてしまいました。このような曖昧な回答は，具体的な虚偽を断言しているわけではないので，非常に攻略しにくいといえます。

このような，曖昧さに包まれた回答者の虚偽のストーリーに対し，その場で何とか弾劾できないものでしょうか。

【工夫例】

Ａ：いやそこまで深く考えていませんでした。ただ，Ｓさんがお店の土地建物を売ればそれくらい十分用意できるだろうと思っていました（ここまでは【ありがちな例】と同じ）。

Ｑ：Ａさんがお店をやめる，つまり廃業するという話を聞きましたか。※３

Ａ：いや，そこまで聞いたわけではないですけど。

Ｑ：Ｓさんがお店を売るということは，もうそこで商売できないことを意味することは分かっていますよね。※４

Ａ：……まあそうですが。

もちろん，事前の事実調査があってのことですが，Ｓの状況からして，店を売る＝廃業を意味することが分かっている場合，そして，廃業はあり得ないという事実関係を把握している場合，まず，※３の質問をしておきます。さすがに「廃業」の話を聞いたという具体的な虚偽を述べることは，通常はできません。これは，「虚偽の話には具体的な状況を聞く」というスキルの一種です。

続けて※４は，「廃業の話はなかった→店を売る話もなかった」という因果関係のつながりを確認するための質問です。この点について反論がなければ，経験則上は店を売る話もなかったものと認められ，店を売ることにより資金を用意することができると思っていた，というＡのストーリーが信用できないという心証につながります。「廃業」という補助線を導き入れることにより「曖昧戦略」に対抗したものです。

しかし，※４の質問にはリスクもあります。この質問に対して，例えば，

「Ｓさんは別の町にもお店がありましたので」とか「Ｓさんの事業形態だと土地建物を借りても十分やっていけますし，Ｓさんからそのような話を聞いたこともあります」など，せっかく引き出した証言を減殺してしまうような反論がなされることも想像できるからです。そのため，※４のような質問は，事前の調査により把握した事実関係や回答者の性格等から，このような反論はなされないだろうと想定される場合に限って適切な質問だといえるでしょう。

【虚偽の話には具体的な状況を聞く】【準備が全てを決める】【深追いするな】

13 サブリミナルな「補助線」を引く

§99 〈入金は決まって毎月末ですね〉ケース48

まことに地味な意味合いですが，可能な限り，裁判官に当方に有利な事実関係についてサブリミナルな認識（印象）を持ってもらうことを狙うことがあります。

被告Ａから原告に対する弁済の金額が問題となるケースで，Ａは，不定期に，収入があったときに大きな金額を弁済したと主張して，Ａの主張に沿った原告の押印のある領収証を乙号証として提出しているが，原告代理人はこの領収証は変造であろうと疑っている。

Ｑ：あなたのご主張によると，あなたは，証拠として提出された乙１号証から６号証のとおり，2015年の５月２日に10万円，６月４日に100万円，７月５日に10万円，８月５日に100万円，９月１日に10万円，10月２日に100万円を弁済されたというのでしたね。

Ａ：はい。

Ｑ：そして，原告への弁済の原資には，主に，金を貸した友人からの返済金を充てていたということでしたね。

Ａ：はい。

Q：あなたの収入は，ホテルに出張して行うマッサージ施術代金が主だということでしたね。
A：はい。
Q：乙７号証・被告の通帳を示します。あなたの通帳を見ますと，入金の中にホテルから振り込まれているお金がありますね。
A：ええ。
Q：ホテルからの振込みは，マッサージの代金なのですね。
A：そうです。
Q：このホテルからの入金は，2015年の４月末20万円，５月末28万円，６月末22万円，７月末18万円，８月末25万円，９月末16万円というように，決まって毎月末なのですね。※1
A：そうです。
（以下，ホテルからの振込みを原資にして，月初に原告への弁済をしていた事実を立証し，2015年６月，８月，10月の各100万円の弁済は，領収証の金額及び日付が変造されており，返済額は実は10万円だったのではないか，という反対尋問を試みることが予定されている）

このケースでは，Ａに対する反対尋問の要となる原告名義の領収証の変造の疑いについての尋問に先立って，※１「ホテルからの入金は決まって毎月末ですね」という事実を示すことで，裁判官に「ああ，そうか，Ａは，毎月末の入金を基に弁済の原資にしていた流れがあったのかな」と思わせることを意図しています。決まって毎月末という「補助線」を，サブリミナルに引いておくという狙いです。裁判官の脳裏に入ったイメージは，それが，いわば「左脳的」に入ってきたもの，すなわち論理的に理解した事柄，一応説得された事柄，事案を理解するために頭に入れた用語，法律用語などについては，反対の立場からの立論によって容易に書き換えられてしまうでしょう。逆に，いわば「右脳的」に意識しないで入ってきたイメージ，説得されたのでなく自ら「そうか」と理解した事柄，分かりやすい日常用語などは，同じレベルでの反対イメージに晒されない限りは容易に消え去ることがないと思われます。

【サブリミナル効果を狙う】

第三　守りつつ攻めるスキル

14 相手の逃げ道を想定する

(1)　相手の使う曖昧戦略その1

§100　〈具体的な○○はない〉ケース㊾

回答者側の主な戦略は，(i) 真実は存在するのに「自分に不利な事実を曖昧にする」こと，及び，(ii) 真実は存在しないのに「相手方に不利（又は自分に有利）な事実を曖昧に肯定する」ことでしょう（この例が→§98にあります）。ここでは，(i) の曖昧戦略を検討してみましょう。次のケースで，回答者Ａは本件機械がＳ社からＴ社に転売されることは知らなかったと主張したいとします（Ａは，Ｓ社に本件機械を販売した会社の担当者）。

【ありがちな例】
Ｑ：Ｓ社から本件機械の注文請書がメールで送られてきたのですね。
Ａ：はい。
Ｑ：するとあなたは，注文請書をご覧になったわけですから，その注文請書に納品先として記載されているＴ社に本件機械が転売されるというのも，ご存じだったわけですよね。
Ａ：いいえ，Ｔ社へ転売されるという具体的な認識はありませんでした。

この「具体的な認識はありませんでした」という回答は，一般的な可能性としてＳ社が本件機械を購入してＴ社へ転売することがあり得る，ということは認めているものの，その具体的な認識までは持っていない，という方向へ逃げるもので，「曖昧戦略」に基づく回答だといえます。

注文請書以外のタネがない場合には，この質問は，これで終わらざるを得ないことになるでしょう。追及を試みる方法として，続けて

「では，そのような可能性があるということはご認識があったのですね」

とか，「では，抽象的な認識はあったのですね」というような質問をすることも考えられますが，これ以上，抽象的な可能性が証言されても，事実認定上は特段プラスの意味を見いだせないため，やはり，他の追及材料（矛盾する証拠など）がない以上は，「深追いしない」対応をすることになりそうです。

しかしながら，事前調査により，注文請書以外の何らかの事実から，T社への転売の認識があったことを基礎付けることが可能な場合には，質問を工夫してトライすることも考えられます。

【工夫例】

Q：S社から本件機械の注文請書がメールで送られてきたのですね。

A：はい。

Q：甲12号証・S社作成・本件機械の注文請書を示します。この注文請書の内容はご覧になっていますね。※1

A：はい。

Q：よく見てくださいますか。今初めて見るような内容は含まれていませんね。大丈夫ですね。※2

A：はい，大丈夫です。

Q：あなたの，御社での役割を確認させていただきますが，油圧機械の販売を担当する第2営業課の課長ですね。※3

A：はい。

Q：第2営業課の取引先がどういう商売をしているかは把握されていますね。※3

A：それは把握しています。

Q：S社はエンドユーザーではなく，いわゆる口銭を取って商品の売買をする商社ですね。※3

A：はい。

Q：では，もう一度，甲12号証・注文請書をご覧ください。このS社作成の注文請書に「納品先」として記載されているのはT社ですね。
A：はい。
Q：納品先がT社ということは，御社がS社に売った商品は御社から直接T社に納品することを意味しているのですね。
A：……はい。
Q：納品先がT社だという注文請書の記載は，S社がT社に本件機械を転売したということですね。※4
A：……はい。それが何か。
Q：終わります。

【工夫例】※1※2により，前提を固めておきます。特に※2は重要な関門になります。ここで「私は具体的には納品先は見てなかった」という曖昧戦略で逃げる可能性があるからです。そこで，質問者の意図を察せられる前の段階で，何気なく，書証原本の客観的な記載の確認という体裁を取りつつ，「今初めて見るような内容は含まれていませんね」と聞いています。この問いの「初めて見る」に含まれる「初めて」は，特別なことを意味しますから，肯定するハードルをやや高くするので，「初めて見るような内容ではない」ことを認める方向に誘導する質問です。それに加えて，「大丈夫ですね」と問うています（「一問一文」原則→§67には反していますが）。これも，「大丈夫ではない」と答えることは，何が大丈夫でないのかを言わなければならなくなるので，大丈夫だと肯定する方向に誘導するものです（→§109参照）。なお，ここで，「大丈夫ですか」と聞いて，考える時間を与えてはいけません（「か」と「ね」の違い→§44）。

三つの※3は，それぞれ布石を打つ質問です。「注文請書を見ていた→T社が納品先であることを知っていた→取引実態からS社がT社に転売した事実は分かる」この事実の流れを調書に顕出するように，否定しにくい質問を重ねて固めています。

※4では，【ありがちな例】のようにT社に転売されることを「ご存じだったわけですよね」と聞きたくなるところです。しかし，そのように聞くこ

とは，もはや蛇足と考えます。

(2) 「思います」と言われたとき――相手の使う曖昧戦略その2

§101 〈したと思います〉ケース㊿

　抵当権設定登記の抹消登記請求訴訟において，原告Ａは，自らの土地に設定された抵当権設定登記は，「Ｓが勝手にやったことだ」と主張している。被告代理人は，ＡはＳが抵当権設定登記手続を行うことを認識していたことを明らかにしたい。

　訴訟提起前の交渉で，Ａは，被告に対して「Ｓが勝手に抵当権設定登記手続をした」とは主張していなかったが，陳述書までの書面ではこの経緯は双方特に明らかにしていなかった。

【ありがちな例】	【工夫例】
Ｑ：あなたは，被告と協議した際に，Ｓが勝手にあなたの土地に抵当権を設定したと説明しましたか。[※1]	
Ａ：したと思います。[※1']	（ここまで同左）
Ｑ：説明したかしないかはっきりしないのですか。[※2]	Ｑ：説明したことの記憶は，はっきりとはしていないのですね。[※3]
Ａ：いや，私は言いました。[※2']	Ａ：ええ，したと思うんですがね。

【ありがちな例】※1’で，回答者は，実際には説明していないのですが，「思います」と曖昧な回答をしています。これは曖昧なニュアンスにとどまっていましたが，※2の質問に対して※2’「言いました」と言い切られることで，質問者に不利な方向での供述が加わってしまいました（その場合の対応→§102）。

※2の質問は〈肯定・否定の双方を含む二者択一質問〉でありこれに対して回答者の心理として自分に有利な方を選択しがちでしょう（なお，二者択

一の質問設定は誤導質問に当たる場合があり（→§18），その場合はそもそも不適切な質問になります）。

> 【ありがちな例】※２の変形バージョン
> 「説明した事実はあったのですか，なかったのですか」

このように，「事実の存否」について再度聞くと「ありました」と断言されることになるおそれが強いでしょう。

【工夫例】※３では，質問を「説明したかしないか」つまり事実の存否から→「説明したことの記憶が確実であるか否か」に変えています。テーマを「事実の存否」でなく「回答者の記憶の曖昧さ」に据えることで，回答の内容から顕出される間接事実を，Ａが被告に対して「Ｓが勝手に抵当権を設定した，と説明した」というＡの「記憶は曖昧である」という状態にとどめたものです。回答者は，その心理として自分に有利な方を答えようとするところ，「記憶の曖昧さ」については，直前の回答でつい先ほど「(説明）したと思います」と曖昧なニュアンスで答えたばかりであり，内心自信はないケースでは「いや，はっきりと記憶があります」とは答えにくいでしょう。もっとも，証人によってはかえってやぶへびになる場合もあり，深追いしないケースも十分あり得ます（→§39参照)。

また，「ですか」から→「ですね」と誘導する質問文としています（「か」と「ね」の違い→§44)。

【曖昧戦略への対策】

§102　うまくいかなかった場合　ケース50――続き

では，前項§101の【ありがちな例】のように，曖昧証言に対する追及質問※２をしたところ，「いや，はっきりと記憶があります」などと言い直されてしまった場合はどうすべきでしょうか。

このような場合に，「先ほど，したと思いますと自信なさげに言ってましたよね」などと質問しても水掛け論になってしまうと思われます。そこで，マイナスを最小限で食い止める狙いで次の※４のように聞きます。

【工夫例】
Q：「そうなんですかね。つい先ほど，あなたが，『と思います』とおっしゃたからお聞きしただけですが，次の質問にいきますね……」 ※4

このように，有利なニュアンスを含む発言を（一つ飛ばして）「オウム返し」した上で切り上げ，「独白→すぐ次質問」のスキルを使います。

ここで，仮に「そうなんですか？」と問いを重ねると，回答者から重ねて「はっきりと記憶がある」そしてその理由などを説明され，証言を固められてしまいそうです。そこで，「そうなんですかね」と語尾に「ね」(←疑問文ではないが，「か」があるから内容的には疑問を示す）を入れて，かつ，間を空けないで次の質問に移る形にとどめておくものです。

もちろん，次のように，

Q：先ほどの説明と異なりますが，説明したというはっきりとした記憶があるのですか。
A：いや，はっきりとは覚えていないのですが。

このような証言になったら成功ですが，意識している回答者は，疑問形の質問文の形に対して，「ありますよ」と答えやすい傾向があるため，あまりお勧めできる質問ではありません。

【引き際が肝心】【独白→すぐ次質問】

§103 〈カバンにしまったと思います〉ケース51

原被告間の契約締結（契約書作成）に立ち会ったと証言する原告側証人Aに対し，被告は，Aが契約書の作成に立ち会った事実はないことを明らかにしたい。

【ありがちな例】
Q：あなたの同席で，原告と被告が契約書に署名押印したというのです

が，その時の記憶はあるのですか。[※1]

Ａ：ありますよ。

Ｑ：では，被告は，署名押印した契約書をその後どうしましたか。

Ａ：カバンにしまってお持ちになったと思いますが。

Ｑ：「思います？」，明確な記憶はないのですね。[※2]

Ａ：いえ，調印することが重要ですから，その後のことまでこと細かには覚えていません。

【ありがちな例】は，大きな問題があるわけではありませんが，※1の「その時の記憶はあるのですか」の質問が，かえって記憶があるとの回答を誘発しています。ただ，戦術的にこの質問をトライしてみるケースはあるでしょう。しかし，※2の「明確な記憶はないのですね」の質問は言い訳を誘発してしまいました。

【工夫例】

Ｑ：原告と被告が契約書に署名押印したというときの状況を，もう少し教えていただきたいのですが，例えば，被告は，署名押印した契約書を封筒に入れてしまいましたか。[※3]

Ａ：それはちょっと覚えていません。

Ｑ：では，被告は契約書をカバンに入れましたか，それとも，例えば紙袋に入れましたか。[※4]

Ａ：カバンにしまってお持ちになったと思いますが，よくは覚えていません。

Ｑ：今のご証言からしますと，あまり具体的なことまではご記憶はないのですね。[※5]

Ａ：まあ，そうですが，調印することが重要ですから，その後のことまでこと細かには覚えていません。[※5']

【工夫例】※3で，「例えば」質問により，いわば記憶の具体性のテストを行っています。常にうまくいくわけではありませんが，回答者の記憶が曖昧であることを顕出することができるでしょう。また，※4では，重ねて「例えば」質問をして「よくは覚えていません」と一定の成果を上げています。

※5では，「今のご証言からしますと」と質問を始めることで，本ケースのように回答者のそれまでの証言が曖昧なものだった場合，回答者は，記憶が明確であるとの反論は若干しづらくなります。ただ一方で，※5’の回答がプラスかマイナスかは微妙なところです。※5のような，引き出した〈成果を確認する〉質問は，回答者が上手に巻き返すチャンスを与える面もあり，深追いしないでやめておくこともあるでしょう。ケースバイケースです。

【「例えば」を活用する】【曖昧戦略への対策】

15 反対尋問で意外な回答が出てきた場合の対処

§104 〈意外な回答が出てきた〉ケース52

§101ケース50と同じ抵当権設定登記の抹消請求訴訟の事案で，反対尋問で意外な回答が出てきた場合を検討します。尋問前までの状態として，Aが，訴訟提起前に被告に対し「Sが勝手に抵当権を設定した」と「説明していない」ことが，(i) 陳述書に特に書かれていない場合，(ii) 陳述書に書かれている場合，この二つの場合について尋問例を示してみます。(i) の場合でも尋問までの主張からは特にその説明をしたとはうかがわれないケースだとします。なお，Aに代理人が付いており，主尋問で陳述書の作成について確認がなされているという前提です。

質問者は，Aは説明をしていない，との前提で軽く確認して次に行こうと考えて質問をしました。そうしたところ，次のように意外な回答が出てきたとします（→§101と回答は同じです)。

Q：あなたは，被告担当者と協議した際に，Sが勝手にあなたの土地に抵当権を設定したとは説明していないのですね。
A：いや，説明はしたと思います。

このような意外な回答が出た場合，質問者はどうしたらよいでしょうか。

(i)　陳述書に特に書かれていない場合

Ｑ：甲15号証・原告の陳述書を示します。この陳述書は，あなたが代理人の弁護士さんに話したことを弁護士さんがまとめて，あなたの陳述書として作成されたものですね。[※1]
Ａ：はい。
Ｑ：この陳述書には，あなたが，被告担当者との協議の際，Ｓが勝手に抵当権を設定したと「説明したこと」は書かれていませんね。
Ａ：はい。
Ｑ：この陳述書を作成するに当たって，あなたは，代理人の弁護士さんに対して「説明したこと」を話さなかったのですか。[※2]

まず※１の聞き方は，主尋問冒頭でＡ代理人がＡに確認した言い方に沿うものにする必要があります。

※２がキモになる質問ですが，反対尋問者としては，再主尋問でリカバリーが図られることは必至だということも想定しつつ，※２の質問に対してＡがどう答えるか，その答えを聞いて，その場で判断するほかありません。

例えば，Ａが，「○○先生に話しましたが，陳述書には書かれていませんでした」と回答したとします。この場合，そこで質問を切り上げたとしても，少なくとも，Ａが，尋問前に提出された陳述書に書いていない内容の証言をしたことを，調書上明らかにすることによるプラスの効果はあります。もし，訴訟提起前にＡが本当に説明したのであれば，陳述書においてその事実をあえて隠すことは，訴訟上の信義則（民訴２）に反する行為と言わざるを得ず，代理人がそのような行為に及ぶことは通常考えられないことです。したがって，Ａが弁護士に「話した」という供述の信用性を減殺しますので，質問者は，尋問後の準備書面において，陳述書に記載されるべきことが書かれていなかったことを指摘し，書かれていなかった事実は，本件の事実関係を明らかにする上で重要性があることを強調するように努めます。事案によりますが，当事者照会（→§24）の方法によって，相手方に事実関係（Ａは弁護士に話したのか）を明らかにすることを要求してもよいでしょう。

(ii) 陳述書に書いてあることと相反する場合

Q：甲15号証・原告の陳述書を示します。この陳述書は，あなたが代理人の弁護士さんに話したことを弁護士さんがまとめて，あなたの陳述書として作成されたものですね。
A：はい。
Q：この陳述書○ページ○行によれば，被告担当者との協議の際，あなたは，「Sさんが勝手にやったことだと説明はしていない」と書かれていますね。
A：そうだったかなあ，書いてあるならまあそうですかね。
Q：先ほど，「説明はしたと思います」とおっしゃいましたが，この陳述書を作成するに当たって，弁護士さんから事情を聞かれて，あなたは，真実を話していますか。※3

※3の質問では，Aの供述中で食い違いのある部分は確実に繰り返して，調書に明瞭に残すようにします。この問いに対するAの回答は，不明瞭になることが想定されますが，それはそれで信用性を低下させます。ただ「陳述書作成のときも本当のことを話しました」，という場合もあり得ます。そのときは (i)「陳述書に書いていない場合」と同様の状況になりますので，その答えを聞いて，その場で判断することになります。

16 主尋問で想定外の供述があった場合

§105 主尋問で想定外の供述があった場合

主尋問において（反対尋問ではなく），§104と同様に，主張書面・陳述書に書いていないことを言ったり，矛盾することを言うこともあります。その場合は同様の問題状況なので，(i) 主張書面・陳述書に書いてない重要なことを言った場合，(ii) 書いてあることと矛盾することを言った場合とに応じて，§104と同様の状況になります。ただし，主尋問においては相手方代理人が何らかの説明・対応をすることが普通ですから，それを前提にして反対尋問を行うことになることが多いでしょう。その他，想定外の供述として困るのは，（iii）知らなかった具体的事実を語られることです（→§23）。

17 自信がないことを聞く場合

§106 〈「いませんよね」質問〉ケース53

質問者は，契約内容が決まったときに第三者Sが「立ち合っていない」方が有利だが，証人Aがどう言うかは分からず，その事実に自信がない場合。

【ありがちな例】
Q：金額が決まったときには，Sさんは立ち会っていませんよね。※1
A：え，立ち合ってたんじゃないかな。

※1の言い方はストレートに聞いているとも言え（→§54），尋問者の意図を察して，このようにとぼけられる可能性もかなりあるでしょう。「～せんよね」という言葉だけの問題ではないですが，次の【工夫例】のように，警戒させる度合いの低い聞き方の方がよいでしょう。

【工夫例】
Q：そうそう，金額が決まったとき，その場にSさんはいましたかね。※2
A：どうでしたかね，いたかもしれませんね。※2'
Q：はっきりしたご記憶はないのですね。※3
A：まあ，そうですね。

※2：「そうそう」（そういえば）といった言葉で場面を変えて（警戒心を与えないで），示したい事実の存否を，この例では逆の聞き方をしています

(【ありがちな例】のようなやりとりになりそうな予測がある場合。「か」はここでは「いた」方向へのハードルを少しだけ上げるものです→§44)。直接には関係のない場面で，相手の警戒心が高まってない状況で聞いておければベターです。

※2’は逆の方向の回答でしたが，※3ではっきりした記憶がないという限度でリカバリーするようにしています（→§101に類似)。【ありがちな例】でも※3の対応をしておけばよいでしょう。

【守る反対尋問】【警戒させせない】

18 めぼしい攻撃のネタを見いだせない場合のしのぎ方

§107 〈直接見たわけではない〉ケース54

金銭消費貸借契約における返還合意が争われている。原告側証人Aは返還合意の存在を主張するが，被告代理人は合意などあり得なかったと認識している。

【ありがちな例】

Q：あなたは，被告がお金を返す約束をしたと断言できるのですね。

A：はい。

Q：あなたは，嘘をつけば偽証罪になりますが，それでも断言できるのですね。※1

A：はい。私は，間違いなく被告は返す約束をしたと思っています。

Q：次の質問に移ります。

【工夫例】

Q：あなたは，被告がお金を返す約束をしたと断言できるのですか。※2

A：はい。

Q：ただ，あなた自身が原告と被告が約束している場面を見たわけではないのですね。※3

A：はい。

Q：では，次の質問に移ります

【ありがちな例】※1の偽証罪を示唆する質問[*56]に対しては，証人を困惑させる質問（訴規115Ⅱ①→§36）として異議が出される可能性があります。そのため，質問者は，偽証罪を示唆する場合には次のような発問をすることが考えられます。

・「証言の前に宣誓をしたことを覚えていますか」
・「裁判官から，虚偽の証言は偽証罪の対象となると説明を受けたことを覚えていますか」

このような質問の仕方が穏当なところでしょう。

証言が客観的証拠に照らして偽証であるとの確信がある場合は，偽証罪の示唆ではなく，攻撃的に弾劾を目指すべきでしょう。しかし，本ケースではそこまでの材料がなく，上記の質問によりかえって固められてしまうことを避けて守りの尋問を行うこととしています。

【工夫例】※2：疑問文の語尾を「か」とすることで，質問者は「被告がお金を返す約束をした」ことについて疑義を持っているという意味合いを持たせています。【ありがちな例】の「ね」とのわずかですが，そのニュアンスの違いを感じてください（「か」と「ね」の違い→§44）。どちらがよいかは，ケースバイケースでしょう。

また，この質問に対して，回答者が，「約束をしたと思います」という曖昧な回答をした場合（→§101以下），このケースでは「はっきりとは覚えていないのですね」ではなく，※3の質問をした方がよいでしょう。相手が認めるはずの「直接見ていない」事実を顕出する方がよいからです。回答内容の伝聞性を確認するにとどめて（わずかながら信用性を低下させる材料を獲得し），すぐ次の質問へと移行しています。

【偽証罪の示唆】【伝聞性を確認して去る】

§108 〈あ～覚えてないんですね，と独り言〉ケース㊺

業務委託契約の成否が争われている。原告Aの記名・押印がなされた契約書が被告に交付されたが，被告の押印はされていない。被告代理人

*56 加藤編「民事尋問技術」258pは，「偽証罪の存在を示唆することにより，偽証を牽制することもあり得よう」として，偽証罪の存在を示唆することを弾劾のテクニックの一つとして挙げている。

としては，契約が成立していないことを明らかにしたいが，材料は乏しい。	
【ありがちな例】 Q：あなたは，本当に，被告に契約金額の話をしましたか。 A：300万円はかかると伝えたと思います。 Q：なぜ300万円かかるのか，具体的にその理由を話しましたか。 A：外注に出す作業もあるからというようなことを説明しました。 Q：それだけの説明で，300万円という金額を聞いた被告代表者は了解してくれたのですか。 A：とにかく急いで欲しいという要望でしたので，そこでの値段のやりとりは正確には覚えていません。 Q：ではなぜ金額について合意できたと言えるのですか。※1 A：その話をしたときに，金額についても了解をもらったと思いました。 Q：思っただけで，正確には覚えていないのではないですか。 A：いえ，その後も，計画の立案	【工夫例】 （ここまで同左） Q：ああ，覚えてないんですね。では次の質問に移ります。※2

中に何度かやり取りをしましたが，その時も金額についての意見はなく，間違いなく被告Yはその金額で了解していました。	

【ありがちな例】では，回答者が，「(金額の話は) 伝えたと思います」などと曖昧な回答をしており，質問者にとって比較的有利な事情が浮かび上がりつつある状況でした。しかし，質問者は，その部分を際立たせるのではなく，※1で「なぜ質問」をしてしまい，回答者に弁解する機会を与えてしまい，結果的に，回答者の記憶が曖昧であるポイントがぼやけ，かえって反論の補強をされてしまいました。また「本当に」は一般的には避けるべき言葉です（→§110)。

【工夫例】※2では，反論を引き出す可能性がある質問を重ねるのではなく，短く切り上げています。有効な追及手段がない場合に深入りしない切り上げ方です。§96ケース㊻に似ていますが，そこでは，質問の形でした。しかし，ここでは，更に速やかに切り上げることを意識して，「ああ，覚えてないんですね。では……」と独白で済ませてすぐに次の質問に入っています（「独白→すぐ次質問」パターン→§50参照)。独白でも，回答者の記憶が曖昧であることを裁判官に印象付ける限度で，一定の効果があります。質問者に多少なりとも有利な証言が出たときに，「なぜ質問」で深追いするのではなく，当該回答のポイントを際立たせてそのトライを終えることが適したケースも多いでしょう。

【「なぜ質問」をするな】【独白→すぐ次質問】【深追いするな】

第四　言葉の力を知って利用する

§109 「特別な理由がありましたか」

回答者が一定の方向に答えることのハードルを上げることにより，Aがそれを乗り越えようとすると比喩的な意味で「立証責任」を負うことになる事項を尋ねる方法が考えられます。「～しなかった」／「その方法を取った」→「特別な理由がありましたか」／「特別な事情がありましたか」（→§72）などと聞くことが考えられます。

その際「理由」「事情」のように，内容的オープン度（→§45）の高い事柄を聞くと，探索的な質問になります。そこで，「初めて見るような内容は含まれていませんね」（→§100），正確に覚えていますか（→§123），「特別なこと，例えば～」（→§83），「～のために，普段と違って，特に気を付けたことはありませんか」，「特別なルートはありませんでしたか」など，具体的な制約を設けて，内容的オープン度を低める聞き方が考えられます。

ただし，これらの質問に対し，かえって不利な事実を迫真性を持って答えられてしまうリスクもあります。例えば，被告代理人として，証人Aが被告の署名を代筆したという相手方主張が不自然であることを指摘したいとき，「被告には，自ら署名できない特別な事情がありましたか？」という質問をした場合，例えば「はい，実はその頃，被告は利き腕を怪我していて，自分で字を書くことに支障があったので，被告に頼まれて私が代筆しました」といったような証言が出てくると逆効果です。反対尋問の基本は「答えの予測できない質問はするな」ですので（→§18），関係者の周辺事情についてもできる限りの事前調査をすることが肝要です（→§23以下）。

19 「全部」と「ほとんど，おおむね」

§110 〈ほとんどマンション資金に充てた〉ケース56

<table>
<tr><td colspan="2">借りたお金を浪費したにもかかわらず「マンション購入資金に充てた」と言い訳をするAに対し，資金使途に関する信用性を弾劾したい。</td></tr>
<tr><td>【ありがちな例】
Q：2010年４月10日に借りたという500万円は本当にマンション購入資金に充てたのですか。※1
A：そうですよ。
Q：しかし，あなたは，買い物依存症でしたから買い物にも充てたのではないですか。※2
A：失礼な！　借りたお金はマンション購入資金に充てました。</td><td>【工夫例】
Q：2010年４月10日に借りたという500万円なのですが，全額，マンション購入資金に充てられていますか。※3
A：ほとんどマンション購入資金に充てています。
Q：「ほとんど」ということは，マンション購入資金以外にお使いになられたものもあるということですね。※4
A：ええ，まあ。</td></tr>
</table>

【ありがちな例】では，※１ストレートに「本当に～したのですか」と聞いたことにより警戒されて，あっさり否定されています（ストレートに聞かない→§54以下)。「本当に？」はつい言いそうになる言葉の代表格ですが，「本当に？」という質問に有益な意味があるでしょうか。回答者は疑われていることを感じて，防衛的に頭を働かせて懸命に言い分を主張しようとするか，無用な反発をするでしょう。意図的に「過度に防衛的になるように仕向ける」「わざと怒らせる」というテクニックとして用いる場合はあるでしょうが（「本当に」を使っている場面→§130)，一般には「本当に～したのですか？」は避けるべき言葉であり，穏やかな聞き方によって余計な警戒心を持たせない聞き方をデフォルトと考えるべきでしょう。【工夫例】の「全額

か」という意味の問いと比べてみてください。また，※２「買い物依存症だったから」は「誤導質問」に当たり，かつ，「侮辱」する等の異議の対象となり得ます（→§36）。

【工夫例】※３の「全額か」という意味の問いに対しては，全部肯定しない限りは，「一部は」マンション購入資金以外にも充てた事実を顕出できることになります。全部ではなかった場合は，「ほとんど，大体は，おおむね」など全部でないことを示すコトバ（→§95）を使わざるを得ないことになります。つまり，「全額」の言葉が入ることにより，「全てか，部分か」という二者択一のクローズド質問（→§45）にしたわけです。「ほとんど」との回答を利用した※４の確認により，相手方主張（ストーリー）以外の資金使途が存在することを調書上に示すことができたという意味で一定の効果を上げることができました。

【「全称」「部分」により誘導する】【不必要に刺激するな】

20 「など」「ようでして」の婉曲表現

§111 〈銀行から断られたようでして〉ケース57

「～したようでした」「など」の婉曲表現は，「自分自身は経験していない」という前提を意味することがあります。次のケースでは証人Ａの会社が借入努力をしていたとの主張の信用性を弾劾しようとしています。

【工夫例】

Ｑ：あなたの会社は，甲銀行から借入れができなかったという理由で事業をあきらめてしまったのですか。

Ａ：そうです。

Ｑ：別の銀行から借入れすることはできなかったのですか。

Ａ：経理担当の役員が乙銀行などに打診したが断られたようでして，結局のところ事業の資金調達の見込みが立たなかったのです。

Ｑ：乙銀行のほかにはどこの金融機関に打診をしたのですか。※1

A：……どうだったかな。[※1']
Q：はっきりしないのですね。[※2]
A：まあ。
Q：先ほど，あなたは，乙銀行に借入れの打診をしたら「断られたようでして」とおっしゃいましたが，乙銀行に借入れの打診をした事実の報告を受けたのですか。[※3]
A：いや，報告を受けたわけでは……。[※3']
Q：あなたが推測したということですか。
A：はい。
Q：具体的な話を聞いたわけではないのですね。[※4]
A：まあそうですね。

【工夫例】※１は直前の回答「乙銀行など」の「など」を起点にして，乙銀行以外のことを聞いています。「ようでして」の発言からは，Ａが乙銀行を含めて銀行借入れについては直接の経験がなく，記憶も曖昧であることがうかがえるので，その事実を顕出すれば，取りも直さず銀行借入れについての回答者の証言の信用性を減殺することになります。そこで，曖昧な状態である「乙銀行以外」に対して探りを入れる目的で，※１「どこの金融機関」と「具体的な事実を聞く」質問をしています。なおこの質問は，「探索的な質問」の性質を持ちます（→§112の解説を参照してください)。

これに対し，Ａは，乙銀行の名前を出して「など」と言ったのにもかかわらず，※１’乙以外の金融機関に打診した事実の記憶が曖昧でした。これを※２の質問で調書に残し，打診した事実の信用性を揺るがす方向の材料にします。

次に，※３では少し前の回答「ようでして」を利用して，Ａが直接見聞した事実かどうかを確認しています。その結果，※３’のように曖昧な答えしか出てこないと一定の成果を上げたことになるので，次の※４に進みます。

もっとも，実際に経験しているのに，真に表現上の婉曲で「ようだ」と言っていた場合もあります。また，証言者が正直に証言しないケースも当然ありますから，もし，※３のトライをしてみて，効果が得られなかったら，※４の深追いはしないでおくのがよいでしょう。

※3'の別バージョン
A：受けましたよ。[※3'']
Q：ほお，では次の質問に行きますが……。[※5]

※3''のように効果を得られなかった場合，すぐさま撤退すべきですから，※5のように受け流してすぐ次の質問へと場面を変えるのがよいでしょう。

本ケースのように，「など」「ようだ」などの婉曲表現を捉えて，それを起点にして証言の信用性の弾劾を目的としたトライをすることもあります。

【婉曲表現を捉える】【深追いするな】【不利な発言は受け流す】

§112 〈コンクリートガラが埋まっていたようで〉ケース58

工事現場にコンクリートガラが埋まっていたかどうかが争点に関連する事案で，質問者としては，埋まっていた証拠はない方が有利な案件だとします。

Q：工事が順調に進まなかった原因は何だったのでしょうか。[※1]
A：地面を掘ったところ，コンクリートガラが埋まっていたようで，工事を予定どおり続けることができなかったのです。[※1']

※1の質問はオープンな質問ですから模索的であり（→§45），通常は避けるべきものですが，ここでは何か理由があって質問したものとします。このトライはもはや終わりのようにも思えますが，次のように続けてみるのはどうでしょうか。

【工夫例】
Q：今，「コンクリートガラが埋まっていたようで」とおっしゃいましたが，あなた自身，埋まっている様子をご覧になったのですか。[※2]
A：私自身は見てませんが。[※2']
Q：見てないのですね，では，別の質問になりますが……。[※3]

「ようで」という表現は，§111でも検討したように，自分では確認していない事物について婉曲表現として使うことがあります。そこで，※2「自分自身で確認したことか」を聞いています。

※1’の回答「見てません」の部分を質問中で繰り返して（独白），調書に残します。（「独白→すぐ次質問」パターン→§50も参照）。

※2も，どのような答えになるか分からない「探索的（模索的）な質問」の性質を持ちます。意外にも自分自身で見たという回答になることもあり得，不利な事実を顕出することになります。このようなリスクはありますが，それが決定的にまずいケースは別として，トライする価値のあることが多いのではないでしょうか。準備書面，陳述書，主尋問で「ある場面のある挙動」にフォーカスした事実が自然に現れていることばかりではありません。争点整理の段階での準備が重要ですが（→§23など），それでもある程度，模索的に尋問せざるを得ないことが多いので，試みた上で撤退することも当然あり得るでしょう。撤退すべき場合は次のように対応するとよいでしょう。

【※2の質問に対する※2’の別バージョン】

Ａ：はい，ちゃんと見ました。※2’’

Ｑ：そうなんですかね？　では，別の質問になりますが……。※4

このように特に攻め所がない場合，納得していないことを示しつつ受け流すことになります。※4の「そうなんですかね？」は，疑いのあるニュアンスを示す間投詞の独白で，すぐ次の質問をすることにより（独白→すぐ次質問），特に問題にならず流れていくことが多いでしょう。ただし，不必要に怒らせるデメリットもありますので，ケースバイケースです。「ご主張として伺っておきます」という言い方のバージョンもあります。

【婉曲表現を捉える】【不利な発言は受け流す】【独白→すぐ次質問】【疑いの間投詞を入れる】

21 「〜も」という言外示唆表現

§113 〈窓口を一本化するためにも〉ケース59

日常的な会話でも重要なニュアンスを示す「も」の用語法です。

（主尋問）

A：窓口を一本化するためにも，Sに対し，Tにだけ○○の商談の件を伝え，Uには話をしないようにお願いしたんです。

このような証言があった場合，証人がSに依頼した理由は，窓口一本化以外にも存在することを示唆しています。人が，理由を答えなければいけないことは理解しているとして，しかし無意識の中で口にしたくない理由ａがあるとき，理由ｂも存在するときは，「ｂということもあって」と答えがちです。もしこのような証言（陳述書での供述のこともあるでしょう）があったときは，反対尋問者は，次の※２※３のように語られなかった「ａ」を「えぐり出す」質問をすることができます。

【工夫例】（主尋問の後の反対尋問）

Q：あなたは，Sに，Uには○○の商談の話をしないように依頼した，という趣旨の証言をされましたね。※1

A：はい。

Q：そのように依頼した理由として，「窓口を一本化するため」という理由をおっしゃいましたが，そのほかにも理由があったのではないですか。※2

A：……いや……。

Q：あなたは，先ほど「窓口を一本化するためにも」と証言されましたから，ほかにも理由があったはずなのですが。※3

A：ああ，そうですね，確かに，当社にとってはUは競合品を扱っている点で都合がよくない，という面はあったかと思います。

Q：そうでしょうね。

【工夫例】※１：商談が複数あるような事案では，反対尋問の調書だけ読んでも商談が特定されるような聞き方をすべきです。そうでないと，せっかくポイントを稼いだと思っていても，再主尋問で「商談の対象は○○のほかにもあると思いますが，先ほどの反対尋問でお答えになったのは，○○でない商品についてではなかったですか」と誘導されたり，後の準備書面で「証人は，Ｕは競合品を扱っている点で都合が悪いから商談を伝えなかった旨証言したようにも読めるが，その反対尋問の質問において商談は特定されていなかった。証人は本件で問題の○○商品の件について証言したものではない」などと反撃されてしまうことが考えられます。いわば，証言対象の「すり抜け」による相手方のリカバリーです。これを防ぐために「前提は反対尋問で完結すべし」といえます。

※２では，主尋問で出た「ためにも」という回答を起点にして，それ以外の理由をえぐり出そうとする質問をしています。※３で，もう一押ししています。

もし，証人が，ａ「Ｕは競合品を扱っている点で都合が悪いから」という理由を自分から進んでは証言しないときは，更に次のように質問することができるでしょう。

Ｑ：あなたは，先ほど「窓口を一本化するためにも」と証言されましたから，ほかにも理由があったはずなのですが。（ここまで前例と同）
Ａ：いや，思い出せません。
Ｑ：そうですか？　先ほど，あなたは確かに「窓口を一本化するためにも」と証言されましたが，「窓口を一本化するため」とおっしゃらなかったのは，窓口一本化以外の理由も脳裏に浮かんでいたからではないですか。
Ａ：……よく分かりません。言い間違いです。
Ｑ：終わります。

このようなやりとりが調書に残ればよいでしょう。後に，当方は準備書面により，証言内容と態度から，当方に有利な間接事実の存在が推認できることを主張することになります。

つまり，「も」一語も恐るべし，なのです（京野「クロスレファレンス」§349，523も参照）。このような無意識に近い助詞の使い方によっても，反対尋問のネタを発見することができることがあります。

【前提は反対尋問調書で完結すべし】【えぐり出す質問】

> Column【「は」一語も恐るべし】
>
> 私たち自身も書面作成の際，不利な事実を取り繕う際にはどうするでしょうか。嘘は書けないが，認めたくない不利な事実ａを明示したくない場合，ａと隣接するｂとを共に抽象化した（あるいは包摂する）Ｘの事実「はありました」というように記述することがあります。そこで，他の箇所ではｂのレベルの具体的な事実の証言（記載）があるのに，ある箇所では抽象度の高いＸレベルの証言等しかないとき，反対尋問者としては，Ｘやｂからａをえぐり出すような質問が可能です。
>
> （京野「クロスレファレンス」§530注を少し改変）

本ケースでは，ａ「Uは競合品を扱っている点で都合が悪いから」ｂ「窓口を一本化するため」であり，Ｘは，例えば「当社としてはUでなくＴと商談を進める方針があった」という感じです。

22 一語一句にも注意

§114 〈「か」と「と」の違い〉ケース60

民事では，基本的に，微妙なニュアンスのものであっても間接事実の積み重ねが必要になります。

> 証人Ａは，実際にはＴとは話していないが，話したと述べている。質問者は，証人が実際にＴに話したのであれば，当然にＴから予想されるはずのリアクションがなかったこと，ひいてはＴに話していないことを

示したい。	
【ありがちな例】 Ｑ：被告に無断でＳに署名押印してもらったことをＴにも話したということですが，それに対して，Ｔは「何か」言いましたか。[※1] Ａ：……もちろん何か言ったように思いますが，詳しいことは覚えていません。	**【工夫例】** Ｑ：被告に無断でＳに署名押印してもらったことをＴにも話したということですね。 Ａ：はい。 Ｑ：それに対して，Ｔは「何と」言いましたか。[※2] Ａ：……覚えていません。

【ありがちな例】は，基本的に悪くはない質問です。しかし，※１の質問は，前提の確認が長くなっていますから，【工夫例】のように文を分けて一問一文（→§67）にした方がよいでしょう。次に，※１は「何か」と聞いていますが，「何と」と聞く場合との差異を考えてみましょう。

【工夫例】※２では「何と」言ったかという問いによって，Ｔの「発言の有無」ではなく，「発言の内容」を問うています。これにより，証人が真実をＴに話していなかった場合，その場で，創作して回答しなければなりませんから，証人に与えるプレッシャーがより強くなっています。そうして，「覚えていません」という回答が得られれば，裁判官の心証も，証人―T間の会話がなかった方向に傾くでしょう。

このように，「か」と「と」の一語によっても質問の内容，効果が異なってきます。また、より一般的に，「何かあったか」の問いに対してはYes or Noで答えれば足りますが，「何があったか」の問いは，何かがあったことを前提にWhatを問うので（その点で文脈次第で誘導質問（→§18）の一種に当たる可能性がある問い方です），Yes or Noの答えでは足りず，具体的な何かを答えるプレッシャーを与えます。

質問事項を準備する際に，「何か」と聞こうか，それとも「何と」と聞くべきか，何度も反すうして最善の質問事項を，「一語」もおろそかにしないで，より効率的，かつ効果的な質問を準備するのです。

「か」と「と」の違いについては，「何か」のほかにも，「誰か」と「誰が/と」のような語においても同様に考えられます。

§115 〈正確な発語を――発注書と契約書〉ケース61

<table>
<tr><td colspan="2">被告会社の社印が，契約手続に際して用いられていたことを明確にしたい。主尋問で，被告会社の社員である証人Aは「社印を備品の『発注書』作成にて用いていたこと」を認めている。</td></tr>
<tr><td>【ありがちな例】
Q：貴社の印鑑を，貴社の「契約書」で用いることはありましたか。※1
A：いいえ。
Q：えっ，先ほど，貴社の印鑑を，使っていたと言ったじゃないですか。
A：はい。
Q：では契約書に印鑑を使っているじゃないですか。
A：いや，発注書ですよ。
Q：備品を発注するというのは売買契約なので，契約に関する書類ですよ。
A：ああそうなんですか。最初から発注書と言ってくれればいいのに。</td><td>【工夫例】
Q：先ほど，あなたの会社の印鑑を，備品の「発注書」作成に用いていたとおっしゃいましたね。※2
A：はい。
Q：会社の物品購入手続においては，貴社の印鑑を用いていたということですね。※3
A：はい。</td></tr>
</table>

【ありがちな例】では，主尋問でＡが用いた「発注書」ではなく「契約書」という言葉を用いたため，「『契約書』には押印していない」ということで否認されてしまいました。発注書は契約に関する書類であると説明して，やっと目的を達成した形ですが，尋問の流れが完全に分断され，獲得した情報も「発注書」にとどまります。

【工夫例】※１は，主尋問におけるＡの表現に合わせて正確に質問をしています。いずれも聞いている内容は同じことですが，ちょっとした言葉の使い方によって予期せぬ否認等を受けないようにするわけです。

なお※１の疑問文で語尾が「か」の場合は，質問に対する回答を予想せず探索的な質問になりますが，「ね」の場合は，回答を予測していて，同意を求めるニュアンスになります（→§44)。反対尋問では，証人の陳述書に記載された事項など，回答が分かっている質問については，※２のように「ね」を用いて，時間の浪費を避けるのがよいでしょう。

また「貴社」は書き言葉ですし，話し言葉の「御社」としても，尋問で使うには，やや持って回った印象があります。【工夫例】のように，初出では「被告○○株式会社」とか「あなたの会社」としておき，他の会社と混同するおそれがないのであれば，以後は単に「会社」とすればよいでしょう。

Column 【法律家ではない人に対する尋問で注意が必要な言葉】

「契約」と「契約書」は違いますし，「合意」と「合意書」は違います。区別せずに質問して逆襲されたり，時間を浪費する事態は避けなければなりません。

【ありがちな例】	【工夫例】
Ｑ：○○の合意をしたんですね。 Ａ：していません。	Ｑ：○○については合意書を作って双方が調印しましたね。 Ａ：ま，書面は作りましたね。

本コラム内の【ありがちな例】では，回答者が合意と合意書を区別し

て抵抗していますので【工夫例】のように正確に問う必要があります。

法律家でない人は，このような区別をしていないことも多いでしょう。したがって，当方の証人に対しては，合意書が存在するが合意は否定している場合などに，不用意に「合意」を認めないように十分に説明しておく必要があります。

逆に，「合意書」と「和解書」は，法律家にとっては同じ意義を持つことがありますが，法律家以外にとってはそうとは限りません。したがって，例えば回答者が主尋問で「合意書」と述べたのに対し，反対尋問で不用意に「和解書」と言うと，本項のケースのように否認され時間を浪費する可能性があります。こうした事態を避けるため，重要なコトバについては，主尋問での発言を一言一句書き取っておき，決してアバウトにしないことが肝要です。

【主尋問で一言一句を書き取る】

23 評価概念の聞き方

§116 〈指示も協議もされていない〉ケース62

市の所有する不動産の売却価格をめぐる住民訴訟で，原告代理人は「市長から担当者Ａに対し『売却価格につきＳ氏の利益を図るように』という趣旨の指示があったこと」を主張している。

【ありがちな例】	【工夫例】
Ｑ：今回のＳ氏への不動産売却価格について，市長の指示はあったのですか。 Ａ：指示をされたことはありません。	Ｑ：この不動産について市長と話をしたことはありますか。※3 Ａ：話をしたこと自体はありますが，指示は受けていません。 Ｑ：話をした場にはほかに誰かい

Q：指示ではなく，協議や打ち合わせはあったのではないですか。※1

A：協議をしたことはないですし，打ち合わせをしたこともないです。

Q：では，市長のお兄様から，今回の不動産売却について何かお願いはなかったですか。※2

A；市長のお兄様からも，不動産の売却価格について特にお願いなどはされませんでした。

ましたか。

A：……誰かいたとは思いますが，思い出せません。

Q：その時の話の中で，不動産の価格についての話は出ませんでしたか。

A：出たかもしれませんが，特に指示のようなものをされた記憶はありません。

Q：価格の話自体は出たという記憶ですか，出てないという記憶ですか。

A：はっきりと思い出せません。

【ありがちな例】では，※1※2で「指示」「協議」「打ち合わせ」「お願い」など，尋問者が認めさせたい評価概念を含む事項を正面から質問してしまっており（ストレートに聞くな→§54），Aは質問をかわしています。

そこで【工夫例】では，評価概念を避け，※3のように（内容を捨象して）話をしたか否かという「生の事実」に近い事柄から尋ねています。そうすることで，「指示」や「協議」までは認めさせることはできていないものの，「不動産価格の話をしたことがある」という事実については引き出すことができています。回答者が否定できないレベルでの具体的な事実に落として聞くということもスキルになります。

【評価概念を使うな】【ストレートに聞かない】

24 筆跡や印鑑が「似ているか」を聞く

提出された書証で，筆跡や印鑑が似ている事実を調書に残す方法を確認しておきましょう。

§117 〈似てるように思われますが〉ケース63

被告Aは書証甲1の成立の真正を否認している。質問者は，甲1の署名と，Aが自署を認めている別の書証甲8の署名との筆跡が似ていることについて尋問で浮き彫りにし，できればAに認めさせたい。

【ありがちな例】

Q：甲8号証を示します。甲8号証の氏名欄はあなたの自署ですね。

A：はい。

Q：甲1号証を示します。この氏名欄の署名と甲8号証の署名は同じでしょ。※1

A：いいえ。

Q：比べてください。似てるでしょ。

A：他人がどう言うかは知りませんが，これは私の字ではありません。

【工夫例】

Q：甲8号証・手紙を示します。この手紙の氏名欄はあなたの自署ですね。※2

A：はい。

Q：甲1号証・借用証書を示します。この氏名欄の署名と甲8号証手紙の署名を比べていただけますか。客観的には似てるように思われますが，あなたの認識はいかがでしょうか。※3

A：まあ，似てると言えば似てるでしょうが，あのね，私は借用証は書いてないんですよ，それは……。※3

Q：（遮って）私の質問に答えてくださいますか。あなたの認識を確認させていただく質問

	でしたが，先ほど「似てると 　言えば似てる」とおっしゃい 　ましたね。※4 A：はい。 Q：では次の質問にいきます。

【ありがちな例】では，基本的にセオリーどおりで，一応問題がなさそうですが，※１「同じでしょ」には問題があります。このように問われて「Yes」と回答する人はまずいないでしょう。

【工夫例】※３は，「客観的」「……ように思われますが」という聞き方を工夫しています。なお「あなたの認識」がないと「意見を求める質問」として異議（→§36）を誘うところで，もし異議を出されたら，署名の客観的な形態について証人の「認識を確認する質問」だと説明してはどうでしょうか（正解はない問題でしょう）。

甲１号証と甲８号証の署名は客観的なものですから，そもそも※３の質問はしなくてもよいようにも思われます。しかし，【工夫例】※３’のような証言を引き出すことができれば，Ａも署名の客観的類似性は争っていないことが調書に残り，このことは，裁判官の心証形成上マイナスになることはなく，判決起案を助けることにもなるでしょう。

では，Ａが「似ていない」と述べた場合はどうでしょうか。この場合は，客観的に類似しているにもかかわらずＡがことさらに否定しているという証言態度を後に主張して，当方有利な材料とできるでしょう。

したがって，Ａがどのように答えても，当方にとっては有利になることはあっても，不利になることはありません。「反対尋問は行うべき，失うものはない」というセオリーが当てはまる例です。

※４回答者が意見をしゃべり出した場合，遮った上で（→§46），その発言のうち，有利な部分を切り取って質問に入れ込んで認めたことを浮き彫りにします。

なお，※２書証を示すときは，証拠の標目も出して（→§41），そして回答者の自署であることを確認しておきます。

【遮るスキル】【反対尋問は行うべき，失うものはない】

Column【法廷で何を「宣誓」するのか】

日本の民事訴訟での宣誓は，用紙に印刷された次の内容を読み上げています。「良心に従って，真実を述べ，何事も隠さず，偽りを述べないことを誓います」（各裁判所の運用による相違はあるかもしれません）。この点は刑事裁判でも同様のようです。

民事訴訟法や規則には文言の規定はなく，刑訴規則118条２項に，宣誓書には，良心に従って，真実を述べ何事も隠さず，又何事も附け加えないことを誓う旨を記載しなければならない旨の規定があります。国会も同様の規定があり（議院における証人の宣誓及び証言等に関する法律３条２項），裁判と同様の規定とする趣旨です。いわゆる旧々刑事訴訟法（明治23年，フランス法の影響）122条には「証人をして良心に従ひ真実を述へ何事をも黙秘せす又何事をも附加せさる旨を宣誓せしむ可し」とありましたから，規定としては明治期から同様だったことになります。

では，①「真実を述べる」②「何事も隠さない」③「何事も付け加えない」又は「偽りを述べない」はそれぞれ似てはいますが，意味の違いはあるのでしょうか。

この点，アメリカ合衆国では特に決まった文言はないようですが，核心部分は概ね「the truth, the whole truth, and nothing but the truth」と誓約するようです（小西友七＝南出康世『ジーニアス英和大辞典』（大修館，2001）のoathの項に宣誓文見本例が掲載されています）。とすると，我が国の規定上の表現とその意味はほぼ同様で，以下のように分解してみると３段に重層して，真実のみを述べることを宣誓していることになります。①the truth真実を述べる／一部も隠さずに全部の真実を述べるとは約束しない→ ②the whole truth一部も隠さずに全部の真実を述べる／その他にウソを言わないとは約束しない→③and nothing but the truthその他にもウソは言わない。慣行上の「偽りを述べない」は，規定上の「何事も付け加えない」と同じ意味のようにも取れますが，余計なことを付け加えた結果全体として偽りになり得ることを考えると，②隠さない／③付け加えない，のようにワンセットで確約する方がより明確であるようにも思われます。

第五　更に微妙な攻め所を知ろう

25 「誰も～ない」と「誰かが～した」

「全称」(全て) と「部分」についての心理的な性質を考えることが役に立つ場合があります。

§118 〈全称否定の質問と部分肯定の質問〉ケース64

回答者Aは，ある集会で「原告に賛成する発言はなかった」という方向でのやや曖昧な記憶を持っていると推測され，質問者も「賛成発言がなかった」方向にしたいケースで考えてみます。

> **【全称否定の形】**
> Q：誰も，原告に賛成する発言はしなかったということですね。
> A：いや，そこまではよく分かりません。

「誰も，賛成する発言をしなかった」，このような，全ての人が，あるいは全ての場合において，～でないという型の文は「全称」(全部all) 否定文です。この全称否定での問いかけをした場合，回答者としては，肯定 (賛成発言者はいなかった) の答えをすることのハードルはやや高いと思われます。なぜならば，肯定の答えをすることは，全て (all) の人がしなかった (not) ことを保証することになり，「そこまでは保証できないな」という意識ないし無意識が働き，質問を否定する方向の曖昧な回答になりがちだからです (→§11のケース1も参照)。その曖昧な回答は，「少しはあったらしい」というニュアンスを含意するでしょう。

そこで，次のような質問にしてみるとどうなるでしょうか。

> **【部分肯定の形】**
> Q：誰か，原告に賛成する発言をした人はいましたか。

A：うーん，はっきりとは覚えていません。

「誰かが，賛成する発言をした」，このような部分（特称）肯定を内容とする質問をした場合の曖昧な回答は「いなかったらしい」ニュアンスを含意するでしょう。そこで，（ニュアンスに過ぎませんが）この状況での質問者としては全称否定文の質問よりも部分肯定文の質問をした方がよいことになります。曖昧な答えをする傾向の人に対しては，曖昧な回答になった場合のニュアンスを予想して質問の形式を工夫するとよいと思います。

では，(i)［全称否定］の質問に対して「そうだったと思います」，(ii)［部分肯定］の質問に対して「いなかったと思います」のどちらが出やすいでしょうか（Aには曖昧であっても「原告に賛成する発言はなかった」という方向の記憶がある場合）。(i) 全称否定文の肯定と，(ii) 部分肯定文の否定は論理的には同じことで，もしAが確実な記憶を有していて，記憶のとおりに証言するのであれば，論理必然的に前者の例では「はい」，後者の例では「いいえ」という答えが返ってくるはずです。しかし，人の心理は論理どおりに動くものではなく，(i) 全てないことの保証，と，(ii) いたことの記憶の否定，というように回答者において認識されるとすれば (ii) の答えが出やすいと思いますが，（これは試論です）いかがでしょうか。

ここでは全称否定質問／部分肯定質問のセットについて触れましたが，全称肯定質問／部分否定質問の場合もあります（全称肯定については→§133「何でも任せていた」参照）。

【「全称」「部分」により誘導する】

§119 「聞いたか，聞かなかったか」事実を聞く

前項§118で部分肯定質問に対する回答が「いなかったと思います」であった場合，それではまだ不安な場合で，かつ追いかけて聞くことのリスクが少ないと思われるときには，次のように聞くこともできます（「思います」については→§101以下も参照）。

Q：「いなかったと思います」ということですが，原告に賛成する発言を聞きましたか，聞きませんでしたか。

A：聞いてはいません。

このように，発言した人物が「いたか，いなかったか」でなく，発言を直接「聞いたか，聞かなかったか」というように，より回答者自身の経験に即した質問（生の事実），それも，二者択一でYes or Noを求める質問（→§45）にすると，聞いていないという答えが出やすいといえるでしょう。

ただし，もちろん「聞かなかったと思います」という回答になるリスクもあります。

【事実に引き直す】

26 「やろうと思えばできた」ことをしない

「なぜ～をしなかったのか」と聞きたくなる，つまり，相手方が不自然な主張をしている場合に，その不自然さについて，質問者の主導で「やろうと思えばできましたね」と押さえてしまうスキルがあります。

§120 〈書面を用意しながら肝心の文言がない場合〉ケース65

被告が「Sの原告Aに対する債務」を保証したか否かが争われているケースで，借用証書はAが用意したものであるところ，借主Sの署名，押印の下に，被告の署名，押印がある。しかし被告は，かかる署名，押印は，立会人としてしたものであり保証などしていない。

【ありがちな例】	【工夫例】
Q：甲1号証・借用証書を示します。この借用証書には，被告がSの債務を保証するという文言はないですね。 A：文言はないですが，被告は保	

証しています。 Q：あなたが借用証書を作ったのなら，被告が保証することを明確にするように作ればよかったのではないですか。[※1] A：借主としてSの署名押印があって，その下に被告の名前を書くのですから，被告が保証することは明らかだと思いました。	（ここまで同左） Q：今，私から質問する時間帯ですので聞かれたことだけに答えてくださいね。あなたが借用証書を用意したのでしたね。[※2] A：そうです。 Q：借用証書を用意した際に，債務者の下に「保証人」という文字を入れておくことは考えませんでしたか。 A：必要ないです。 Q：あなたは，パソコンで借用証書を用意したということでしたね。 A：ええ。 Q：「保証人」と書き入れようと思えば，3文字を加えるだけでできたことですね。[※3] A：それはそうですけど……。

【ありがちな例】※1の「～すればよかったのではないですか」という質問は，「なぜ質問」（あなたが借用証書を作ったのに，なぜ「保証人」と書かなかったのですか）と実質的に同じで，意見を聞く質問になっているために（→べからず§47），借用証書の不備について回答者の弁解を促してしまっています。また，※1は「一文一意」でなく（→§67参照），※2のように分けて聞こうという意識を持つべきです。

【工夫例】は，§60ケース⑲の事案と似ていますが，工夫例の質問の仕方が異なっていますので，比較してみてください。このケースでは，まず※2で，質問者のコントロールを維持するため，Aが意見を話した流れを遮って注意喚起をしています。その上で，※３で「～しようと思えばできたこと」という事実を聞くことで，しなかったことの不自然性を強調しています。この事実には評価も混じりますが，「その時できたことかできなかったことか，どちらですか」というように，事実として扱える事柄と考えます。

> **Column　【やろうと思えばできましたね】**
>
> ある行為Ａが，その事案では行われていないとしても，一般的には行うことが容易だったような場合，「やろうと思えばＡはできましたね」という質問に対し，否定することは困難です。こうした質問をすることで，回答者が「Ａを行うことが客観的には可能だったのにやらなかった」という事実を調書に明確に残せる場合があります（ただし§127も参照）。
>
> なお「仮定の質問」という異議が出るかもしれません（異議事由→§36）。その場合，「その時の状況でＡさんにとって可能であったか，そうでなかったかという事実についてＡさんの認識を確認する質問で仮定の質問ではない」などと説明することになります。

【遮るスキル】【議論をするな】【事実を聞く】【やろうと思えばできましたね】

27　「頃」の対応

質問者が，細かい点にこだわって，「おかしいじゃないか」と追及してしまうケースもよくありますが，それが重要なポイントでない場合には，時間の浪費になり，裁判官の心証も芳しくないことになります。

§121　〈「頃」にこだわった〉ケース66

質問者は，証人Ａが原告に電話した日について尋問しています。

【ありがちな例】	【工夫例】
Ｑ：主尋問では，あなたが原告に電話をしたのは２月７日頃だ	Ｑ：甲15号証・証人から原告への通話履歴を示します。○ペー

ったとおっしゃいましたね。 Ａ：はい。 Ｑ：あなたは記憶のとおりに正直に証言されてますか。 Ａ：しております。 Ｑ：甲15号証・証人から原告への通話履歴を示します。通話履歴によると，あなたが原告に電話をしたのは２月６日ではないですか。 Ａ：うーん。 Ｑ：本当はどうなんですか。 Ａ：記録が残っているなら２月６日が正しいと思います。先ほども，２月７日頃だと申しております。なにぶん，かなり前のことですので，細かい日付までは正確に覚えていません。	ジ上から〇行目を見てください。あなたは，主尋問では原告に電話をしたのは２月７日頃だったとおっしゃいましたが，通話履歴によると２月６日となっています。２月７日頃の通話とは，この２月６日の通話であることを前提としてよろしいですね。[※1] Ａ：はい。

【ありがちな例】は，形式的には回答者に主尋問の内容の変更を認めさせていますが，昔の日付を正確に覚えていないことなど珍しくありませんし，争点と重要な関係がないなら，反対尋問として意味が小さく，持ち時間を無駄に消費してしまうといえます。更に，こうした些末な点で回答者に余計な負担をかけるということで，裁判官の心証を害するおそれすらあります。

そこで，【工夫例】※１のように，争いがない事実のみを簡潔に確認し，もっと生産性の高い争点に時間を使うべきでしょう。

28 「虚偽」についての聞き方

民事では，多かれ少なかれ，相手方が虚偽を主張しているに違いない，と思うケースがほとんどです。ここで，虚偽についてのテクニックを検討してみましょう。基本は，「嘘」と言いたくなったら，工夫して「事実を聞く」ということです。

§122 〈全部嘘〉ケース[67]

証人Ａは原告の主張と矛盾する証言をしており，原告代理人はＡの証言が虚偽であると考えています。

> **【ありがちな例】**
>
> Ｑ：あなたは，本件契約の際，原告から「何も心配なことはない」と言われたとおっしゃるのですね。
>
> Ａ：そうですよ。
>
> Ｑ：そうだとすれば，あなたの証言からすると，原告がこの裁判で言っていることが「全部嘘」だということになりますが，それでよいのですか。[※1]
>
> Ａ：それは……。[※1’]

※１のように聞くことが全くよくないというわけではありません。Ａにやましいところがあって「原告が嘘を言ってる」と言いにくい気持ちを持つ場合，※１’のようにうまく説明できず沈黙する可能性もあり，回答者にプレッシャーをかける意味はあると思われます。しかしながら，次のように無意味な質問に終わることも多いでしょう。

> Ａ：原告が何と言おうと事実は事実です。[※1’’]

この※１’’では，「嘘」と言われて反発した回答者が，余計ムキになって自己主張をしています。これでは無益なやりとりですし，裁判官の心証もあまりよくないでしょう。

「嘘」という言葉は，人格的・倫理的に否定的な意味を含んでおり，間接的であれ相手方の人格にかかわる面もあり，軽々に用いるべきではありません。そこで，同じ内容の質問でも「嘘」と言わない質問の仕方の工夫が求められます*57。次のケースで考えてみましょう。

§123 〈主尋問で大事なポイントの語尾を濁した場合〉ケース68

被告Aの原告に対するある言動の有無が争われている場面で，原告はその言動（Aが原告に対して無理な条件を押しつけるような発言）が「あったこと」を明らかにしたいと思っています。「していない」と主張する被告は，主尋問では立て板に水のような供述をしたが，肝心の言動についてだけは「そんなことは言っていないと思う」と弱く否定し，語尾を濁したケースです。Aが語尾を濁したことから，嘘を言ってるに違いない，攻めようと考えた場面です。

【ありがちな例】

Q：あなたは主尋問に答えて「そんなことは言っていないと思う」と述べましたね。

A：はい。

Q：本当は無理な条件を飲ませるように言ったから「言っていない」と断言できないのではないですか。※1

A：違います。

Q：嘘だから断言できないのでしょう。

A：いいえ。断言できますよ。

Q：でもあなたは，主尋問のほかの質問に対しては「思います」とは証言しませんでしたよ。

A：それは言葉のアヤです。「言葉のアヤだと思います」，同じことでしょう。

【ありがちな例】は，「思います」という語尾にいきなり焦点を当て，※1の質問で「本当は嘘だろう」との思いをストレートにぶつけています（→§

*57 「実践！　刑事証人尋問技術」(2009) 26pも，「嘘」や「真実」といった言葉は，評価であって避けるべきであるとしている。

54)。ストレートでなく，主尋問において他の回答が立て板に水であったこととの対比を浮き彫りにする方法を工夫してみましょう。

【工夫例】

Q：主尋問をお聞きしましたが，あなたは経験したことについて，自信を持って端的にお答えになっていましたね。[※2]

A：はい。

Q：主尋問で証言したことは，今でもハッキリ覚えているのですね。[※3]

A：はい。

Q：経験した事実は自信を持って断言した，とお聞きしてよいですね。[※4]

A：もちろんです。

Q：ところで，あなたは，先ほどの主尋問で，本件で問題になっている，原告に無理な条件を強いる言動があったか，という質問に対して，どのようにお答えになったか正確に覚えていますか。[※5]

A：一言一句は覚えていませんが。[※5']

Q：私の手元にメモがあります。あなたは「そんなことは言っていないと思います」と述べていますが，ご記憶のとおりですか。[※6]

A：……そうだと思います。

Q：あなたはこのときだけ，語尾に「と思います」と小さい声で付け加えたのですが，先ほどは，経験した事実は断言した，という回答でしたね。[※7]

A：……。[※7']

【工夫例】回答者から「証言は嘘でした」とか，「実は覚えていない」などという証言を引き出すことは不可能と考えた方がよいので，ここでは，主尋問で他の供述は立て板に水だったこととの対比で，肝心な部分で断言していないことを示すことにとどめています。

主尋問でのAの供述を「経験した事実のうち本件言動だけは断言しなかった」と捉えるならば，それが第1パターンの「タマ」（→§10）に当たるので，それと矛盾する※4「経験した事実は主尋問で断言した」が「仕掛け

(甲)」に当たり，それを認めるか（食いつくか）どうか試すため※２の質問を置いています。※２は表面的には回答者にとって有利な内容に聞こえ，褒めて気持ちよくさせるもので，「撒き餌」のように機能してＡが食いついたことになります。次に※３は，※６の「対面」の際の効果を保証する機能を持つ質問です（タマ（乙）を突きつけられて「主尋問で何を言ったか正確には覚えていない」との逃げ道を塞ぐ)。※２の流れで回答者は気持ちよく認めることが多いはずです。

核心となる※４までの質問において，Ａに本件言動について意識させないように，主尋問での一般的なＡの供述ぶりから質問を始めることがポイントです。またＡが※４を認めるまでは，問題の在処を意識させないようにフレンドリーに聞くのがよいでしょう。※４の質問で「経験した事実は全て自信を持って断言した」のように，「例外なく全て」と聞くことができれば論理的にはベターですが，警戒心を生み曖昧な方向に逃げられやすいのでケースバイケースです。

※５の「どのように～正確に覚えているか」という聞き方は，回答のハードルを高くしていることになります（→§109)。その結果，※５’はつい先ほどの※３と矛盾する態度が示されることになりますが，このケースの力点は※４に対する矛盾なので，※３との矛盾はさほど大きな得点ではなく(この点旧版の説明を改めます)，「どのようにお答えになりましたか」と聞いて反応を見てもいいでしょう。

※４と「対面」に当たる※６の聞き方としては，「私の手元にメモ」がポイントです。集中証拠調べの下では，主尋問と反対尋問は同日に引き続き行われますから，当然，代理人個人のメモしかありません。しかし，「メモがある」と言われると，多少なりとも回答者にプレッシャーを与え否定できない方向に誘導します。

対面の仕上げである※７の質問では「小さな声」という要素を付加しましたが（すぐ次の「誤導」の問題も参照)，この質問に対して回答者が有意な答えをしなかったら，かなり質問者に有利な状態で終わるでしょう。調書に，主尋問において示した自信のなさを浮き彫りにできます。

本ケースは，主尋問で初めて出てきた要素である，肝心な問題についてだけ「と思います」と自信なさげに供述したことをタマとして捉えて，尋問の現場において「仕掛け」を作って弾劾する，というやや複雑なスキルを使えたケースです。

なお，この状態を見た相手方代理人は異議を出すべきです。例えば※７に対しては次のような異議が考えられます。

> 「誤導。声が小さかったかどうかは，客観的に確定しておらず，質問者の主観に過ぎないから，その前提で回答を求めることは誤導に当たります」

このような異議を出して相手方の質問を止めることができます（→§35，§36）。その際，異議理由をとっさに思いつかなくとも，「あ，それはちょっと」と言って立ち上がる。理由は後で考えればよいのです。一方質問者としては，「声が小さいかどうかは聞いている裁判官も分かったことですから，この質問はもう結構です。次の質問にいきます」などと対応すれば，それまでの状況は調書に残るため大きな問題はありません。厳密にいえば※７のやりとりを調書に記載するか削除するか議論の対象となり得るでしょう。その点は裁判官の訴訟指揮によります（そのまま進行するのではないでしょうか）。

【褒めて気持ちよくさせる】【撒き餌のように】【「嘘」と言うな】【問題の在処を意識させないように】【異議を出せ】

第 4 部

反対尋問と関連する他の尋問シーン

1 主尋問のやり方

§124 （ア） 主尋問の獲得目標

主尋問を行う立場では，「反対尋問で崩れるよりも主尋問でつまずく方が怖い」もので，裁判官が「あれっ，この程度のことしか話せないのか」と思うと，陳述書までの主張の信用性に赤信号が灯ります[*58]。逆に，反対尋問を持ちこたえた主尋問は事実認定の基礎となります（→§23も参照）[*59]。

通常は陳述書を提出していることから，主尋問は本人の口頭による裁判官へのプレゼンテーションのようなもので，陳述書をなぞって聞くのでなく，目的を絞ります。そこで主尋問で行うこと，行い方の要点は，次のとおりです。

――主尋問で行うこと／行い方――

① 重要な事実を自分の言葉で具体的に語ること（NG：覚えたことを柔軟性なく話すだけ）→§126

② 弱点は先回りして説明しておくこと（相手方の陳述書を見て必要性を認識することが多い。悪びれず認めてあっけらかんと説明すればよい。どうせ反対尋問される）→§125

③ 提出した書証が真正に成立していることの確認（冒頭の部分で行うことが多い）→§104参照

①が主尋問の核心ですが，「迫真性」は，経験した事実をその人の言葉で具体的に話すことにより結果的にかもし出されるものです（事実のレベルについて→§23参照）。

§125 （イ） 反対尋問対策としての主尋問準備

前項§124の目的での主尋問に加えて，相手方からの反対尋問対策の準備を行います（→次項§126も参照）。敵である反対尋問者の立場での質問を想定して準備しますが，一般的にいえば，当方の弱い部分については，上記②のとおり可能な説明（いわば「言い訳」）を主尋問で陳述してしまった方

---

*58　上掲「裁判官からみた証人尋問（当事者尋問）のあり方」・日弁連研修叢書362，363p参照。

*59　上掲「裁判官からみた証人尋問（当事者尋問）のあり方」・日弁連研修叢書362p参照。

がよいです。そして，反対尋問者からどう聞かれても基本的に「先ほど説明したとおりですが，○○です」と繰り返すようにアドバイスをしておきます。

（ウ） 反対尋問準備のための主尋問

また，相手方に対する反対尋問の前提として当方証人の証言内容を使う場合がありますから，主尋問の準備をする前に，反対尋問の骨子を考えておく必要があります（→§25「反対尋問の準備２」）。

2 相手方の反対尋問に対応する

§126 事前の反対尋問対策

当方証人の反対尋問対策は，反対尋問の技術の裏返しです。

例えば，丁寧・慎重な物言いをする相手方証人については，「あなたは『……の点について，……と思います。』と証言されていますが，100%正しいと言い切れますか？」といった質問をすると，「言い切れません」という回答が引き出されることが多いでしょう（京野「クロスレファレンス」§535参照）。

一方，普段から「全部」「絶対」という言い回しを多用するタイプの人もいますが，こういう証人は，断定的な陳述をさせられた上，必ずしも100%当てはまらない事例を示して弾劾されると崩れやすいものです。そこで，ほぼ確実だが，日時や場所やある機会（occasion）について若干の幅がある場合は，例えば「……頃に見たことは確実」「……店先辺りで見たことは確実」「……の期間内に多くとも２回行ったうちの１回の機会に見たことは確実と言えます」，などと確実といえる条件（幅）を事前打ち合わせで確認しておき，主尋問で正確に述べてもらうことがよいでしょう。

しょせんは反対尋問に晒されるのですから，覚えたことを，弁護士の誘導どおりしゃべろうとするとかえって墓穴を掘ります。来た球（質問）に応じて，自分が経験した事実を述べればよい，という意識が必要です（→§124の①）。その点で，弁護士との予行練習をやり過ぎることの弊害にも注意しておきたいものです。筆者は，注意事項を説明し（§125の「言い訳」は念入りに），一般的な問答の練習はしますが，当該事案についての予行練習はしないことを原則としています（この項は京野「クロスレファレンス」§506以下も参照してください）。

§127 〈その日に書いた証拠はありますか〉ケース㊾

被告側証人Ａが作成した業務日誌の作成日が争いになったケースで，Ａに対する原告代理人の反対尋問，及び被告代理人による再主尋問です。原告は，トラブル発生後にＡが業務日誌を「後作り」したのであろうと疑っています。

原告代理人による【反対尋問】

Ｑ：乙４号証・業務日誌を示します。あなたは，原告の意思確認のためにこの業務日誌を記載したとのことでしたね。
Ａ：間違いありません。
Ｑ：原告を訪問したという，2017年２月10日に，この日誌を書かれたのですか。
Ａ：そのとおりで，間違いありません。
Ｑ：2017年２月10日に，この日誌を書いたことの証拠はありますか。[※1]
Ａ：この日付がちゃんとありますから，それが証拠です。
Ｑ：後になって，2017年２月10日の日付でこのような書面を作ることは，できるのではないですか。
Ａ：それはできますが，そんなことはしません。
Ｑ：できたわけですね。[※2]
Ａ：まあ，それはそうですが。[※2']

業務日誌の日付の信用性を争う原告代理人は，※１の質問で「書証が実際に作成された日は，書いてある日付である証拠はない」という経験則を顕出し，※２の質問で，後日，業務日誌を作成できた可能性を示す言葉を調書に残して，業務日誌の記載の信用性を一定程度減殺することに成功しています。信用性を全部否定すること（後作りされたと立証）までは無理な場合でも，その可能性を示して書証の証拠力を減殺するわけです。

※２の質問は，直前の回答の前半の言葉だけを「オウム返し」にして「できた」部分を調書に残すスキルです。よく現れる「やろうと思えばできましたね」質問（→§120）ですが，ここでは「オウム返し」を優先してシンプルに「できたわけですね」と発問しています。ただし，Ａは「しない」ことを強調したいわけですから，※２に対しては，抵抗感を持ち，このケースの※２’のように素直には終わらず，次のような回答になりやすいでしょう。

Ｑ：できたわけですね。
Ａ：いや私はしません。

こうなっても前の行と合わせて読めば，マイナスではありません。

被告代理人による【再主尋問】

Ｑ：先ほど，乙４号証の業務日誌の作成についてご証言がありましたが，あなたの知る限りで，例えば，１年以上も日付を遡って作成したことを見聞きしたことがありますか。
Ａ：ありません。
Ｑ：あなたの銀行の業務規則では，業務日誌は原則当日，多少事情があっても速やかに作成すべきと定められているのでしょう。※3
Ａ：そうです。
Ｑ：仮に，ですよ，１年以上も日付を遡って作成した人がいたとしてそれが明らかになった場合，どうなるでしょうか。※4
Ａ：私の銀行では，そんなことをすることは考えられないし，仮にあったとしたら懲罰ものだと思います。
Ｑ：確認しますが，あなたは，懲罰を受けるようなことをしてしまうことがありましたか。
Ａ：全くありません。
Ｑ：終わります。

一方，業務日誌の記載の信用性を維持したい被告代理人は，反対尋問で後作りの可能性が顕出され残っている状態なのでこれを消しておきたい，ただ事実をもって反論は難しい。そこで再主尋問における※３の質問で被告銀行内におけるルールに関する状態やルールについての意識，いうなれば「規範的状況」を確認して，「～するはずがない」という経験則を顕出し，※４の質問でその規範的状況を確認するため，やや極端なケースを仮定して，回答を誘導しています。

【全否定が無理なら可能性で減殺する】

【事実が無理なら「規範的状況」を顕出する】

§128 〈似ているし，違う〉ケース⑰

二つの署名が似ているか・似ていないかに関する反対尋問と再主尋問の攻防についても見てみましょう。

被告である保証人Ａに対する請求で，甲１号証としてＡの署名がある借用証書が提出されています。甲５号証は，別の借入れに関する借用証書ですが，Ａは，こちらについては自らが署名したことを認めています。

主尋問で，Ａは「甲５号証は自分が署名したが，甲１号証は自分の筆跡に似せてＳが署名したものである」と述べました。

原告代理人による【反対尋問】

Ｑ：甲１号証・借用証書及び甲５号証・借用証書を示します。この二つの欄の保証人の署名ですが，甲５号証はあなたが，甲１号証はＳが似せて署名したものだということでしたね。

Ａ：そうです。

Ｑ：似せて署名したというだけあって，この場で比べてみても，第三者が見ればよく似てるといえると思うのですが，あなたの認識はどうですか。[※1]

Ａ：まあ，そうですね。[※2]

※１は，本人の口で似ている事実を認めてもらうことには意義があるので，なるべく否定されないように「似せて署名したというだけあって」と前置き，「この場で第三者が見れば」どうかと聞いています。「意見を求める質問」との異議（→§36）が出される可能性がありますが（→§117と同じ），その場合，（客観的な形態の類似は裁判官も見れば分かることで，突き詰めれば

必要な質問ではないので）こだわらず「まあ客観的なことなのでお答えは結構です。次の質問にいきます」のように受け流せばよいでしょう。また※２の答えが得られたら一応の成果があるので，深追いしないで尋問を切り上げます（※１の問題は→§123※７も参照してください）。

> 被告代理人による【再主尋問】
>
> Q：甲１号証及び甲５号証を示します。先ほど，この二つの欄の保証人の署名は，客観的には似ているかのような受け答えがありましたが，違うと思うところはありませんか。具体的に答えてみてください。※3
>
> A：そうですね。□の字のハネのところや，△の字の傾きとか結構違ってると思います。
>
> Q：○の字はどうでしょうか。※4
>
> A：○の字も横棒の太さが随分違っています。

被告にとっては不利な事実である「客観的には似ている」という主題について，反対尋問で被告が強く否定しない場合，同主題が事実認定の資料として使われるおそれがあります。したがって，この反対尋問を受けて，被告代理人としては，「似ていない」事実を浮かび上がらせるべき必要性が生じたことになります。そこで，再主尋問では「似ていない」，具体的な「違い」に関する事実を回答者に言ってもらうように仕向ける質問をします。再主尋問も主尋問であるため，原則誘導質問はできませんが（→§18），この※３は，誘導質問には当たらないように，Yes or Noで答えられるものではない形の質問にしています。ここで，もし「□の字のハネのところが違いますよね」と聞くと誘導質問になりますから，原告代理人は異議を出すべきです。同様に※４も誘導質問にならないように聞いています。

なお，甲１号証の署名者が誰かが中心的な争点だったら，本来であれば，被告代理人は主尋問で，上記の再主尋問のような質問をしておくべきだったでしょう。

§129 〈再主尋問と再反対尋問――まとめて原告側の人間か〉ケース71

売買代金請求の事案で，原告は「土地を被告Ａに売った」と主張し，被告は「登記名義人Ｓが売主でありＳに売買代金を支払った」ことを主張しています。以下，Ａに対する反対尋問・再主尋問・再反対尋問を示します。

原告代理人による【反対尋問】

Ｑ：本件土地の購入の話は原告から来たのでしたね。

Ａ：ええ，まあ。

Ｑ：売買契約前，登記名義人がＳであることは分かっていたということですね。

Ａ：そうですね。

Ｑ：それで，所有者が誰であるか確認しましたか。

Ａ：しましたとも，法律に詳しい人に聞いたところ，登記名義人がＳである以上，Ｓを売主として契約するんだと聞きました。

Ｑ：その法律に詳しいという人は，原告に直接事情を確認して意見をいったのですか。[※1]

Ａ：いや，そうではないです。

Ｑ：直接事情を確認してないなら一般的な意見ですよね。[※2]

Ａ：専門家の意見です。

Ｑ：法律に詳しいという方は法律の国家資格をお持ちの方ですか。[※3]

Ａ：……そうではないですが，不動産のベテランです。

Ｑ：本件土地の造成費用50万円は原告が支出したことを聞いてましたね。

Ａ：まあ，そうですね。

Ｑ：原告が造成費用を負担した理由をきちんと聞きましたか。

Ａ：……聞いてはないですね。

原告代理人は，Ａから出てきた「法律に詳しい人」の信憑性をチェックするための質問を順を追ってしています。※１直接事情を確認しているか，※２意見を問う質問の一種ですが，「一般的な」というキーワードを調書に残すため，※３「国家資格」の有無を問うことにより弾劾しています。「〜に詳しい人」は世上よく出てくる怪しげな箔付けですが，「専門家」と言われたら「資格」を問うとよいでしょう。

被告代理人による【再主尋問】

Q：Aさんとしては，原告もSもまとめて原告側の人間ということで意識していたということなんでしょうか。※4

A：そうです。

一方，被告代理人は，※4のやや強引な誘導質問で，多少無理でも不利なニュアンスを打ち消そうとしました（苦肉の策としての「曖昧戦略」といえるでしょう）。

原告代理人による【再反対尋問】

Q：今の質問に関連して一つだけ聞きます。あなたが，Sに初めて会ったのはいつでしたか。※5

A：……。

Q：最終代金決済の日でしたね。

A：……そうですけど，何か。

Q：終わります。

これに対し，原告代理人は，※5で，まず質問の必要性を簡潔に示して質問を止められないように予防し，更に，被告代理人の再主尋問（※4）で出てきた「曖昧戦略」に対抗して，被告が売主であると主張するSと事前コンタクトが最終代金決済日までなかったことの不自然性を顕出しました（もちろん，事実関係の事前把握が前提となります）。

【「専門家」と言われたら「資格」を問え】

3 再主尋問のやり方

再主尋問が行われることはよくあると思われます（ただし，ごく短いものです）。主尋問側の証人が相手方に有利なことを言ってしまった場合に訂正・言葉を変えて言い直すことや（→§64），状況説明を促すなどの方法により

(例→§129の※4，§113解説も参照)，その意味を変えたり相対化するなどしようとします（§127，§128)。その再主尋問に対する「再反対尋問」まで行うかは再主尋問の内容次第と思われます（→§129，及び§131で例を示します)。

§130 〈親を裏切ってまで偽造しますか〉ケース72

抵当権設定登記抹消登記請求で，原告の息子Aが，借入れと抵当権設定について，父である原告の了解を得ていたか否かが争点です。被告代理人が，Aに対して反対尋問を行いますが，その後に原告代理人からの再主尋問が入ります。いずれも誘導質問を活用したものです。

被告代理人からの【反対尋問】

Q：あなたが言うとおり，お父さん（原告）の実印等を無断で使って，お父さんの不動産に抵当権を付けたというのが本当なら，大変な裏切りだという感覚はありましたか。

A：申し訳ありません。

Q：私に謝ってもしようがないのです。お聞きしたいのはね，先ほどお聞きしたように特に仲が悪くなかった親子で，本当にそんなことができるのかということなんですが，どうですかね。[※1]

A：そんなことは，するべきではなかったです。

Q：親子とはいっても，父親の実印を無断で使って父親の名前の書類を作ることは，文書偽造罪という犯罪にも当たることですよ。あなたのように立派な社会人が，犯罪行為に及ぶとは思えないのですが，本当に偽造なんかしたのですか。[※2]

A：……[※2']。

Q：本当は偽造なんてしてないんでしょ。[※3]

A：……。[※3']

Q：お答えになりませんので，次の質問に移ります。

ここでは，反対尋問では誘導質問が許容されていることを活かして工夫しています。具体的には，※1や※2では，一般的に，証人が否定しにくく，かつ被告に有利になる質問を続けています。特に※２では，普通の人にとって「偽造しました」とは答えにくいという心理を，最大限利用しています。もちろん，堂々と「偽造しました」と答えられたら仕方がないのですが，それでも，質問者としては特に失うものもない以上，試みる価値がある質問といえるでしょう。試みた結果，※３’のような沈黙があれば，回答者が沈黙している→答えにくい→実際は質問者の言うとおりである→偽造などしていない，という推認が可能であり，質問者としてはこのような供述態度が引き出せれば一応尋問は成功といえます。

なお，※２では，証人を「困惑させる」質問だとして，異議が出される可能性もあるため（訴規115Ⅱ①→§36），言い方を次のように少し柔らかくするのもよいでしょう。

「犯罪にも当たることなのですが……犯罪行為に当たることをされたというご証言が私としては理解しにくいので，改めてお尋ねしますが，本当に偽造されたのでしょうか」

原告代理人による【再主尋問】

Q：先ほど，お父さんを裏切ってまで無断で抵当権設定登記手続をするかという話がありましたが，どうでしょうか，あなたは，長男の期待を背負っていながら果たせなくなっていたので，恥ずかしくて借入れの相談をできなかったのでしょう。※4

A：そうです。そうです。

Q：それで，そのときには，その先のこと，すなわち，無断で借入れをすれば，客観的にはかえってお父さんを裏切ってしまうことまでは考えが及ばなかったのでしょう。※5

A：そのとおりです。

Q：それから，あなたは，法律の知識はありますか。※6

A：全くないです。

Q：親の印鑑を借りて親の名前で書類を作ることは，よいことではない

でしょうけど，犯罪に当たるという明確な認識がありましたか。[※7]
A：そのような認識はありませんでした。[※7']
Q：あなたは，犯罪になるというようなことまで考えることなく，親に相談もできないと考え，とにかく借入れの必要性だけ頭にあって，無断で手続をしてしまったのでしょうか。[※8]
A：そうなんです。

主尋問（再主尋問含む）では，誘導質問は原則として禁止されています（→§18）が，異議が出されなければ，多少の誘導質問は許容されていることが多いと思われます（→§64参照）。

このケースの原告代理人は，※４や※５で，かなり大胆に誘導していますが，反対尋問で被告代理人が，やや強引に土俵を設定したこともあり，このような誘導も許容されることがあり得ると思います。反対尋問側はここで異議を出すべきでしょう。※６の誘導に当たっては，このような質問をする可能性を考えて，事前打ち合わせで確認をしておく必要があります。

次に，※７では，証人に，間違いなく「ありませんでした」と回答してもらうために，質問で「明確な」という修飾語を用いています。すなわち，肯定する回答をしにくくする目的で，肯定のハードルを高くする修飾語を加えています（→§97参照）。ここでは犯罪に当たるという規範意識に直面していたかどうかが問題ですので，明確な認識がないことが明らかになれば（その事実が認定されるかどうかは別として）目的を達することができます。そして，予定どおり※７’の回答を引き出して調書に残せているので，これで反対尋問の成果を一定程度減殺することができます。また，※８についても大胆に誘導を行っていますが「無断で手続をしてしまったんでしょ」という質問でなく，証人の認識を問う質問にして異議の回避に努めています。

この再主尋問での誘導質問は，必ずしもベストな質問であるとはいえないかもしれませんが，反対尋問により大きく回答者の信用性が崩されてしまった場合には，こういった質問を試みて，信用性の回復を図ることもやむを得ない場面もあると思われ，異議を覚悟で試してみる価値はあるでしょう（異議のやりとりをしているうちに証人が何を言うべきか分かってくることもあります）。

【時には大胆に誘導しよう】【異議を覚悟で誘導する】【否定させたいなら】

4 再主尋問に対応する

§131 〈再主尋問と再反対尋問――全部貸すのか〉ケース73

原告Aは，「被告からSに対する借金を返せず困っていると懇請されて，被告に1000万円を貸した」と主張しているが，被告は，「借りた額は100万円である」と主張しています。被告代理人のAに対する反対尋問に続いて，再主尋問，再反対尋問を示します。

被告代理人による【反対尋問】

Q：あなたが被告に1000万円を貸したという当時，被告は，Sからの借入残がいくらあると言っていたのですか。

A：よく覚えていません。

Q：他の人からの借入額がはっきりしていなかったが，1000万円貸したということですか。[※1]

A：いろいろな話の中でそうなったのです。

※1：1000万円の貸付けの不自然性を淡々と顕出しています。この質問を旧版では「他の人からの借入額がはっきりしていないのに，1000万円も貸したのですか。」と記述していましたが，旧版の表現は実質的に「なぜ質問」に近く通常の文脈では避けた方がよいと考えます（→§45の例外参照）。

原告代理人による【再主尋問】

Q：あなたが被告に1000万円を貸した際，1000万円という金額が先にあったのではなくて，あなたの手持ちの余裕資金が1000万円くらいあったということですか。[※2]

A：そうです。

Q：貸付け当時，あなたのご商売は順調でしたか。[※3]

A：はい，とても景気のよい時期でしたから，余裕資金が1000万円くらいあったのです。

Q：それで，すぐ貸してあげられるお金が1000万円ということで，貸付けしてあげたのですね。
A：そうです。

※2※3：再主尋問では，反対尋問で現れた1000万円貸付けの不自然性に対する反論として，貸付額1000万円決定の理由が原告の余裕資金の額にあったことを，商売が順調であったという間接事実と共に顕出しています。

被告代理人による【再反対尋問】
Q：あなたは，ご商売を何年くらいやっておられますか。
A：そうですね，独立してから，かれこれ20年くらいですかね。
Q：その間，リーマンショックとか，景気の変動は何回も経験されていますね。
A：はい。
Q：商売は，いいときもあれば悪いときもありますね。※4
A：それはそうです。
Q：あなたは，ご商売の長い経験からして，余裕資金が1000万円くらいのときに1000万円を人に貸してしまうことについて，何か不安とか感じませんでしたか。※5
A：……まあ，それは。

再反対尋問では，余裕資金を全部貸してしまうことの不自然性を明らかにしています。そのために，※4商売上の経験則を否定しにくい形で聞いておいた上で，不自然性を突きつける質問※5をしています。ここまで見ると被告代理人の方が優れた成果を上げているといってよいでしょう。

原告代理人としては，主尋問，遅くとも再主尋問で，商売上のリスクに備えた資金を別にして更に自由に使える余裕資金が1000万円あった事実を顕出しておけばよかったことになります。そうすると，「再々主尋問」として同内容を聞くことも考えられなくはありませんが，再主尋問までで可能だったことですから，制限されるか，できたとしても裁判官の心証はあまりよくないでしょう。

【否定しにくい経験則を聞こう】

5 補充尋問に対応する

§132 裁判官の補充尋問

裁判官の補充尋問は，通常，主尋問→反対尋問→再主尋問（もしあれば再反対尋問等も）の後に行われることが通常です（補充尋問を行わないケースもあります）。そして，両当事者の尋問が必要な範囲を全てカバーしているときは，補充尋問の必要性はなくなります。

裁判官が興味を抱いて質問したことに対する回答の内容は，裁判官に与える影響が大きいことは当然のことです。

そこで，そのケースでの重要なポイントをわざと聞き残しておいて，ポイントを裁判官に譲るという戦略もあり得ます。ただ，当然ながら，補充尋問で期待した聞き方がされなかったり，不利な回答がされるリスクや，そもそも補充尋問で触れられることなく尋問を終えてしまうというリスクと裏腹となります。

地道な対応としては，反対尋問を行う者は，反対尋問後の再主尋問や補充尋問で自らに不利な事実や状況が固められることがないように準備することです。再主尋問対策をした反対尋問を行うことにより，再主尋問までで当事者双方が道を踏み固めておけば，補充尋問の必要は生じないはずです。

次の例で検討してみましょう。

§133 〈大事なものだから鍵をかけたところに〉ケース74

貸金返還請求事件で，借主とされる被告Ａは「息子Ｓが被告になりすまして勝手に借入手続をした」と主張している。Ａに対する原告代理人からの反対尋問，及び補充尋問のケース。

【ありがちな例】	【工夫例】
(原告代理人による反対尋問) Ｑ：あなたはＳが無断で借入れと	(原告代理人による反対尋問) Ｑ：あなたはＳが無断で借入れと

抵当権設定登記手続をした，権利証も勝手に持ち出したとおっしゃるのですが，権利証を勝手に持ち出せば，すぐにばれることではないですか。

A：普段見てないので分からなかったです。

Q：Ｓが実印と印鑑登録カードも勝手にタンスの引き出しから持ち出したとおっしゃるのですが，鍵はかかっていなかったのですか。

A：鍵はありますが，かかっていませんでした。

（再主尋問は特になし）

（裁判官による補充尋問）

裁判官：実印や印鑑登録カードを仏間のタンスの引き出しに入れていたとのことですが，鍵をかけていなかったのはどうしてですか。

A：この辺では田舎なので泥棒などあまり心配しないんです。

Q：これまでＳに実印を預けたことはないのですか。

A：実印を預けたことはありません。

抵当権設定登記手続をした，権利証も勝手に持ち出したとおっしゃるのですが，権利証のような重要なものが勝手に持ち出されて，すぐに気付かなかったのですか。

A：普段見てないので分からなかったです。

Q：あなたと息子さんのＳとの関係ですが，何でも任せてしまうような関係でしたか。[※1]

A：そうではなかったです。

Q：任せてはいない。では，あなたにとって大事なものは鍵のかかるところにしまっておいたのでしょうか。[※2]

A：まあ，そうですね。

Q：では，本件の借入れと抵当権設定登記に使用した権利証，実印，印鑑登録カードは鍵のかかった場所に保管しておいたのでしょうね。[※3]

A：いや，それは鍵はかかるけど，かけてなかったのです。

Q：何でも任せているわけではないと言い，せっかく鍵がかかる場所に入れていながら，その鍵をかけてなかった，こうおっしゃるのですか。[※4]

	Ａ：まあ，そうです。 Ｑ：これまでＳに実印を預けたことはないのですか。※5 Ａ：実印を預けたことはありません。 Ｑ：実印の保管場所に鍵をかけていなかったら，例えば，Ｓさんが実印を使って，後で「借りといたよ」と事後報告になるようなことはありませんでしたか。※6 Ａ：そんなことがあったら困ります。 Ｑ：簡単に使われて困るのでしたら，大事なものなのだから鍵をかけておくことは考えなかったのですか。※7 Ａ：まあ，そんなことをされるとは思ってなかったんで。

ＡがＳに実印を預けたことがない事実は，ＳがＡの了解なく行ったことを推認させる間接事実の一つです。そのため，原告は，この「被告がＳに実印を預けたことがない」という事実が，しかも尋問の最後の段階で出てきて，同事実が印象としても固まってしまうことをなるべく避けたいところです。

それにもかかわらず，【ありがちな例】では，補充尋問でこの事実が顕出されてしまっています。

一方，【工夫例】では，裁判官の補充尋問により最後の最後で事実が固まらないように，反対尋問の段階で，原告にとって不利な事実について踏み跡を付けています。

※１：「何でも」そうするのかという聞き方をすると，「そうではない」，

と答えさせる誘導になります。全てについて，という意味の「全称肯定」の質問に対しては，質問を肯定する回答をすることは，「全てについてそうである」ことを保証することを意味しますから，心理的なハードルが高くなります。この点「全称否定」の質問に対しても肯定する（全て否定）回答をするハードルが高いことについて§118も参照してください。

なお，この質問への回答が，「何でも任せていた」という方向の回答になることもあり得ますが，その場合は尋問者にとって有利な間接事実を引き出せたことになるため，むしろ，任せていた方向に更に誘導するとよいでしょう。

※2：ここで誘導したい言葉を質問の中で繰り返して，調書に残すようにします。ただ，この質問にはリスクがあり，「任せていたわけではないが，息子を信頼していたので鍵はかけていませんでした」という回答が出る可能性があります。このような回答がされた場合は，続く二つの質問を飛ばして，「これまで実印を預けたことはないのですか」の質問から，再開するのが次善の策でしょう。

※3：「任せていない」という回答と矛盾する「鍵はかけていなかった」という事実を回答してもらうための質問です（この事実は事案の性質上，当然ながら尋問前に分かっている事実です）。

※4：回答者の供述の不自然さを調書に残すための質問です。

※5：質問者にとって不利な事実を，裁判官による補充尋問でなく，反対尋問で顕出させておくことが狙いです。このQ＆Aを避けることも一つの戦略ですが【ありがちな例】のように補充尋問で固められるリスクとの兼ね合いです。

※6※7で，※5により顕れている不利な事実の減殺を目指して，鍵をかけていなかったというAの供述の不自然さを顕すQ＆Aです。Aが「困ります」と言ってくれたので「オウム返し」をしつつ※7を問うています。「困ります」と言われない場合はその文言なしに同様の質問をすればよいでしょう。※7は実質的には「なぜ質問」ですが形式としては避けて，考えたかどうか「事実の存否を問う」形を使っています。

【「全称」「部分」により誘導する】【調書に残す】【補充尋問を先回りする】【事実に引き直す】

6 介入尋問に対応する

§134　介入尋問されたとき

裁判長は，必要があると認めるときは，当事者の尋問中であっても介入して自ら尋問することができます（訴規113Ⅲ）

質問者の尋問技術に不十分な点がある場合に行われる介入尋問は，訴訟運営上やむを得ないものですが，そうでない場合に裁判官が介入してくることは多くはありません。

介入尋問に対する回答は，補充尋問と同じく裁判官に与える影響が大きいだけに（→§132），もし不適切な場面で行われた場合には，「裁判官からの質問は補充尋問により行って欲しい」と申し出たり[*60]，異議[*61]を述べたりすることが理論上は考えられます。

7 尋問が終わった後で

§135　調書

証人の陳述は，書記官が作成する口頭弁論調書（民訴160）に記載されるのが原則であり（訴規67Ⅰ③），書記官が作成する調書は「要領調書」とも呼ばれますが，録音反訳方式（同76後段）が多くなっています。

逐語でない調書は，当然簡略にされた部分がありますが，争点に関する重要な部分が省略されたりニュアンスの異なる表現になっている危険もなくはありません。特に，訴訟の途中で裁判所の構成が変わったり，上訴審に移行したりする場合，尋問に立ち会っていない裁判官にとっては，調書上の記載からしか尋問の様子を把握することができません。そのため，代理人は調書ができたらこれを謄写して点検し，問題がある場合にはすぐ後で述べるようにその記載の訂正を申し出るようにします。

録音テープ等の記録をもって調書作成に代用することができます（訴規68Ⅰ）。訴訟完結までに当事者の申出があったときは陳述を記載した書面を

---

*60　加藤編「民事尋問技術」276p参照。

*61　明文の定めはないが，裁判官の不当な補充ないし介入尋問は，当事者の尋問の制限に当たるとして，訴規117条の趣旨が裁判官の行為にも類推適用されるとして，異議を述べることができると解する（加藤編「民事尋問技術」277p）。

作成しなければならず（同Ⅱ），当事者の意見を述べる機会があります（同Ⅰ後段）。録音テープ等の記録については，当事者又は利害関係を疎明した第三者の請求による複製（謄写でなく）の規定があります（民訴91Ⅳ後段。また令和４年改正法による同91の２参照）。

§136　調書の訂正

代理人としては口頭弁論における活動や成果が正しく調書に反映されているか留意し，言葉のニュアンスを含め誤りがあれば指摘します。

調書が外部的に成立した後でも[*62]，誤字脱字など記載内容の変更にわたらない問題がある場合，書記官が「調書の訂正」を行うことが可能なので[*63][*64]，代理人としては，かかる訂正を求めることになるでしょう（口頭又は上申書による）。その他の調書訂正に関しては京野「クロスレファレンス」§498を参照してください。

――調書記載の随時確認も大事――

調書は訴訟記録として閲覧できるもので（民訴91），口頭弁論期日の際にも，早めに法廷に入り準備されている記録をあらかじめ確認しておくとよいでしょう。

---

*62　外部的には，完成された調書が当事者及び利害関係人の閲覧請求に応じ得る状態に置かれた時に成立する（最判昭62・7・17最高裁判所判例集（民事）151・559）。

*63　斎藤＝小室＝西村＝林屋編著『注解民事訴訟法（4）〔第二版〕』（第一法規，1991年）30p。裁判所職員総合研修所監修「民事実務講義案Ⅰ」364pは，「訂正」は調書に直接加筆して誤りを改める場合，「更正」は直接加筆する以外の方法で改める場合を指すものとしている（京野「クロスレファレンス」§498参照）。

*64　口頭弁論の方式に関する部分（⇒民訴160Ⅲ）は，絶対的証明力があるので，異議の申述があっても訂正はできないとされる（裁判所職員総合研修所監修「民事実務講義案Ⅰ」364p）。

8 付録〈練習問題〉

§137 著名な「リンカーンの反対尋問」から

本書は，民事反対尋問の技術を学ぶものですが，もちろん刑事事件における反対尋問の技術と共通する点は多いものです。そこで，最後に付録として，刑事における著名な「リンカーンの反対尋問」（ムーンライトケース）を題材として架空の練習問題としておきます[*65]。

〈課題〉

あなたは，被害者Ｖを銃で撃ち殺したとして起訴された被告人Ａの弁護人です。目撃証人Wは，〇〇年〇月〇〇日の夜９時頃，Ａが，Ｖを銃で撃ったところを目撃したと証言しています。しかし，あなたは，事前調査により，当該日時は月がまだ出ていない時間であることを知っており，暦を証拠として用意しています。証人Wに対し，「明かりのない状況ではＡがＶを銃で撃つことを目撃できるはずがない」，というポイント（獲得目標）により弾劾しようと考えています。

月明かりが貴重な光源であった時代で，我が国における民事の尋問ルールで聞くものと仮定して，何を，どのように聞きますか。

〈反対尋問が始まる前の段階で分かっている事実の概要〉

W・Ａ・Ｖの三人を含む地区住民は，〇〇年〇月〇〇日，夜８時過ぎに終わった教会での集会に参加後，W・Ａ・Ｖの三人が森の方向に歩いて行ったこと，同日の夜，Wの通報によりＶが銃で撃ち殺されていたことが発覚したことは周知の事実である。Wは，Ａ・Ｖが口論を始めWは少し離れたところで見ていたと証言。Ａは，自分は途中で離れたので犯行現場にいなかったと主張している。

*65 ウェルマン「反対尋問の技術」（ちくま学芸文庫）98p以下で引用されているストーリーを基にしているが（いくつかのストーリーがあり，何が事実かは判然としない。リンカーンは違う年の暦を使ったという噂もあるという），多少事実を補い尋問例は筆者の創作に近い。

では，あなたなりに尋問事項を考えてみた上で，次の【ありがちな例】を見てください。

【ありがちな例】

Q：あなたが，ＡがＶを銃で撃ったことを目撃したのは，夜９時頃だったのですね。

W：はい。そうです。

Q：どれくらい離れていましたか。※1

W：大体ですが，６メートルくらいだったと思います。

Q：その夜，月は出ていましたか。※2

W：はっきりとは覚えていません。

Q：夜，明かりのない森で，本当に，銃で撃つところを見たのですか。※3

W：二人が興奮して激しく口論を始めてすぐ，Ａの怒鳴り声がして銃声がしてＶが倒れたのです。そんなに離れてませんでしたから，薄明かりでもＡの動きは気配でよく分かります。私はその一部始終を見ていたのです。※３’

【ありがちな例】は何が問題でしょうか。

※１：方向性のない「オープンな質問」（→§45）により，曖昧な回答をされました（※３’で距離の点も曖昧に減殺されています）。

※２：Wから「月が出ていた」という証言が出ればそれが「仕掛け」（→§10）になるのですが，それを実現する手順を取らないでストレートに弾劾のネタを出してしまっています。しかも，「曖昧さを許す質問」なので，仕掛けができる機会を逃してしまいました。

※３：仕掛けを作るための決め手となる質問をストレートにぶつけてしまい，「言い訳を誘発する質問」になっています。これは実質的に「なぜ質問」（→§50）で，「本当に」の表現も言い訳を誘います（→§110）。

※３’：その結果，(i) 仕掛けを作れず用意した弾劾証拠を使う機会を失い，更に，(ii) 本当に「見えたのか」という疑問点の核心を解消するかのような迫真性のある言い訳を許してしまいました。(iii) 距離の点も「近い」

印象が引き出されています。

【工夫例】

Ｑ：ＡとＶ，そしてあなたも地区の教会での集会に出ていて，集会は夜８時過ぎに終わったというのでしたね。[※5]

Ｗ：そうです。集会が終わった後，私たちは，人気のない森まで歩いてきました。

Ｑ：その森の周辺に，明かりはなかったのですね。[※6]

Ｗ：なかったです。

Ｑ：ＡがＶを撃つ前に，ＡとＶが口論を始めたというのでしたね。

Ｗ：はい。

Ｑ：それは何時くらいのことですか。[※5]

Ｗ：９時くらいです。

Ｑ：そうなる前に止めに入ることはできなかったのですか。[※7]

Ｗ：少し距離をおいてたんです。

Ｑ：距離。距離があって離れていたのですか。[※8]

Ｗ：そうですね，少なくとも，10メートルは離れてましたね。[※8']

Ｑ：そうなんですか。ところで，あなたは，Ａが，Ｖを撃つところを見た，とおっしゃるのですが，Ａは，銃をどこから取り出しましたか。[※9]

Ｗ：それは，懐からです。

Ｑ：懐から取り出した。それでは，あなたは，Ａが，銃の引き金を引くところまで見たのですか。[※10]

Ｗ：もちろんです。

Ｑ：夜，明かりのない森で，10メートル以上離れていて，あなたはなぜ，銃の引き金まで見えたのですか。[※11]

Ｗ：月の光りで見えました。

Ｑ：月の光りで見えたのですね。

Ｗ：はい。

Ｑ：……ここに，弾劾のために新たな証拠を提出します。……。

【工夫例】ではどう工夫しているでしょうか。

※5※6：時間と場所（明かりのない状況）の確認です。もちろん※6の質問をするためには，事前に当時の現場の状況を確認することが，準備として必要になります。

※7：質問者の意図する方向に誘導するため，供述者の「心理の方向性を利用する誘導質問」です。傍にいたなら止められなかったのか，という非難から自分を弁護したい気持ちが働くことを利用して，なるべく「離れたところにいた」と言いたい気持ちに誘導しています。客観的には距離があったとすれば「見えた」事実と相反します。

※8：「距離」をオウム返しすると共に，距離がある方向に証言したい心理を後押しすることを意識しています。※8’では誘導に乗って遠目の距離を証言しました。ことの重要性に気付かないうちに誘導して語らせることが肝要です。

※9では，虚偽の事実を語っている証人に対して「供述者自身に穴を掘らせる」「砂上の楼閣を太らせる」「具体的に語らせる」質問をしています。供述者は自己の証言を正当化する流れの中で，この質問を否定することは自己矛盾を生じるものと感じ，否定できない心理状態になっているはずです。そこで，あえて，オープンな質問をしたものです。

なお，厳密には「銃を見たか」どうかは未顕出の事実でしょうから「誤導質問」になっています。ただ，証人が自ら答えている方向の事実ですから，ここでは異議により妨げられなかったものとします。※10の伏線を形成することになります。

ここまで，「撃つところ」→「銃を懐から取り出すところ」まで，砂上の楼閣を具体化してきました。※10は，砂上の楼閣を更に太らせるために，「見た事実」を更に具体化させる質問をしています。では，仮に，※10の質問に対して「引き金までは見えませんでした」と言われてしまったらどうでしょうか。その場合は，少しだけ後退して，「先ほど，懐から銃を取り出すところを見た，と証言されましたが，銃を持つAの手は見えたのですね」のように確実な事実を確認しておくとよいでしょう。

※11は，弾劾目標になる「月が出ていた」との供述を得るために，あえ

て行った「なぜ質問」(→§50）です。通常「なぜ質問」はしないのが原則ですが，ここでは答えが確実に予想され，かつ証人自身から言ってもらうことに意味がある場合だからです。この質問に至るまでに，「逃げ道を塞ぐ」質問を積み重ねてきた上で初めて可能となる質問です。

この※11「決めの質問」がぶつけられた時点で供述者が取り得る「逃げ道戦略」を考え，その逃げ道をどの質問で塞いだかを具体的にまとめると，次のとおりです。

(i) 他の光源　※6
(ii) 距離の曖昧戦略　※8
(iii) 見えたものの曖昧戦略　※9，※10

ここで，〈課題〉にある，獲得目標のポイントをもう一度見てください。

明かりのない状況では　→ (i)　「他の光源」の言い訳を潰しておく。
目撃できるはずがない　→ (ii)　「距離」の曖昧戦略を潰しておく。
ＡがＶを銃で撃つことを → (iii) 「見えたもの」についての曖昧戦略を潰しておく。

このように，当初に立てた獲得目標を確実に得るために，その目標獲得を妨げる障害を想定し，相手方自身に逃げ道を塞がせるやり方を工夫して準備するのです。

真実は，そう簡単に顕れてくれるものではありません。しかし，真実は，か細い声で「私を掘り出して，日の光の下に顕してください」と囁いています。その声を実現できるか，実現できないかは，反対尋問を行う，あなたの工夫と努力にかかっているのです。

【砂上の楼閣を太らせる】

Column【レトリックの活用例――「なかった」事実】

マイナスの語感を持たれることの多い「レトリック」ですが，レトリックは言語活動の持つ豊かな機能の一面であり，その使い方を学んでよりよいコミュニケーションのために役立てたいものです。筆者もまだまだ学ぶべきことの入口に立っているに過ぎませんが，本書§9において「なかった事実」を提示するという切り口について触れた部分はレトリックの一種です。

「なかった事実」の提示は，直接に反対尋問に役立つレトリックと思いますが，Shane Read［2020］中にも，印象的な「なかった事実」の提示例がいくつかあります。中でも著名なプロバスケットボール選手O.J.Simpson氏を被告人とする刑事裁判での反対尋問の要点を紹介しましょう。もしO.J.氏が犯人であったならば，被害者宅の現場でもみ合った際に土・泥が付着したはずのところ，事件発覚直後にO.J.氏宅の捜索を担当した捜査官は同氏の寝室等で土のかけら等は発見していませんでした。もし淡々と聞くならば「O.J.氏宅で犯行現場からの土は見当たりませんでしたね」「はい」という一問で済む事実ですが，次のように微妙に対象をずらしながら質問を重ねて，段々とフォーカスしています(同書319p)。

――階段吹抜けのカーペットの上に土を見たか，
土の小さなかけらは見たか，
寝室の入口のカーペットの上に土のかけらを見たか，
寝室内でソックスがあった敷物の囲りのカーペットの上に土の証跡(evidence）を見たか，
その敷物の上に土の証跡（evidence）を見たか――

O.J.氏のソックスに至るまで質問は続きますが，このように多層的に「なかった」事実を陪審員に効果的に印象付けているようです。

これはアメリカの刑事裁判ですが，レトリックの力を利用して法廷に説得力ある事実を顕出する，という点では参考になると思います。§87でも触れたように民事反対尋問では「なかった」「しなかった」事実は主張を持った相手方の考えや行動などになりますが，本書索引でいえば【なかった事実をえぐり出す】§9，§53，§61，§68，§93，【やろうと思えばできましたね】§51，§61，§120などの項目が参考になるでしょう。

Column【何（what）を聞くか，どのように（how）を聞くか】

一般に，何（what）を聞く方が，どのように（how）を聞くよりも質問として具体的だと思われます。「Aさんは何と言いましたか」（§114参照）の方が，「どのように言いましたか」よりも答えやすいことが多いでしょう。「どんな動画だったの？」と聞くより，例えば「誰が出てたの？」と聞く方が具体的です。howを聞くことは，状況を抽象的な言葉で表現することを求めることになりますが，そのことは回答者の主観が入ることを広く許し，また人によってはスムーズに答えられず「どう，と言われても…」と言い淀まれ，時間を浪費することもありそうです。また「どう」「どのように」はwhatを問うこともあり多義的であることから「何と」の方が多少は明確です。

英語の余談ですが，What do you think?とHow do you think?の意味はどう違うでしょうか。前者は普通の表現ですが，後者は「あなたはどのようにものを考えるのですか？」と，思考法を問うような大層な質問になるようです。このように，whatの方が具体的ということも尋問メモを作る際に意識すると有益と思われます。

索　引

1 コツ・スキルのTips集（本文各項末尾に記載したが，必ずしも網羅的ではない）

［あ］

［か］

2 事項索引

3 言葉の索引

4 特徴あるケースの事件類型別索引

5 条文索引

【民事訴訟規則】（訴規）

【刑事訴訟規則】（刑訴規）

あとがき

誰しも経験から一定のスキルを身につけて，それを必ずしも言語化しないで実地に行っていることが多いと思います。筆者も同様でしたが，本書初版の執筆にあたっては，「こうやったらうまくいかない」経験を起点にして工夫例と左右対照で比較できる具体例を集め，その具体例からスキルを抽出するということを試みました。第２版では，改めてスキルの抽出をやり直した上で，その整理（再配列）を試み，スキルとして有意かどうかを再検討しました。第２版ではそれなりに整理が進んだと思いますが，特に「弾劾の第２パターン」は，見出してみれば「コロンブスの卵」のようなもので単純な原理ですが，筆者自身は漫然と「矛盾」と捉えていたので第１パターンとの違いに思い至らずうまく整理できていなかったところ，第２版で第２パターンをクリアに表現することができ（初出は京野「クロスレファレンス」），すっきりしました（第２パターンについては§５，§13以下などを参照してください）。

初版のあとがきにも書きましたが，筆者の経験では「意外にうまくいった」ことは一度たりともありません。つまり，準備したことが「最大限」であり，「勝ちに不思議の勝ちなし」です。一方で準備が足りなければ，必ず失敗する。つまり，「負けに不思議の負けなし」です。また仮に，準備がしっかりできて攻めの材料があっても，なお想定外の逃げ方をされたり，自滅したりしてうまくいかないことはあります。これは材料を活かすための尋問事項の練り上げが足りない，つまり準備が足りないか，あるいは想定外の事態に対する対処の技術が足りないことに起因するものでしょう。

筆者自身，反対尋問に自信を持ったり，自分は反対尋問がうまいなどと思ったことはありません。しかし誰でも尋問の準備をし，色々な事態を想定して備えることはできるはずです。本書は，筆者のような普通の弁護士が経験を通じて持っている暗黙知をできる限り若手に伝えていきたいという目的でした。今回第２版の機会を頂き，民事反対尋問に関しては筆者の有する知見を余すところなく表現して本書に凝縮することができたものと思っています。もちろん，その広がりや深さは本書に表現されたものにとどまるのですから，筆者の知見が大したものではないことが暴露されたともいえるでしょう。そうではあっても，実践知を具体的に伝える一つのインターフェースを示そうとしたという一定の意義はあるのではないかと思っています。

なお，初版の共著者の方々には，第２版を筆者の単著とすることを快諾頂いたことに改めて感謝いたします。

真実の声―か細い声で「私を掘り出して，日の光の下に顕して下さい」と願っている声に沿うべく，読者の工夫の手掛かりとして本書を活用していただけたら幸いです。本書が，読者の方々がよりよい仕事をしていくための一助となることがあれば望外の喜びです。

2023年５月

執筆者　京野哲也

民事反対尋問のスキル

いつ，何を，どう聞くか？（第2版）

令和５年６月５日　第１刷発行

著　者　京野　哲也

発　行　株式会社ぎょうせい

〒136-8575　東京都江東区新木場1-18-11
URL：https://gyosei.jp

フリーコール　0120-953-431
ぎょうせい　お問い合わせ　検索　https://gyosei.jp/inquiry/

〈検印省略〉

印刷　ぎょうせいデジタル株式会社

ISBN978-4-324-11270-0
(5108868-00-000)
〔略号：反対尋問（2版）〕